ELEMENTS
COMMUNICATION
12
WAVE

CONTENTS

CONTENTS 1

ELEMENTS 12
COMMUNICATION
WAVE
PRODUCED BY
AIM CREATIVE PRODUCTS CO, LTD
JEUNESSE PLANNING CORPORATION

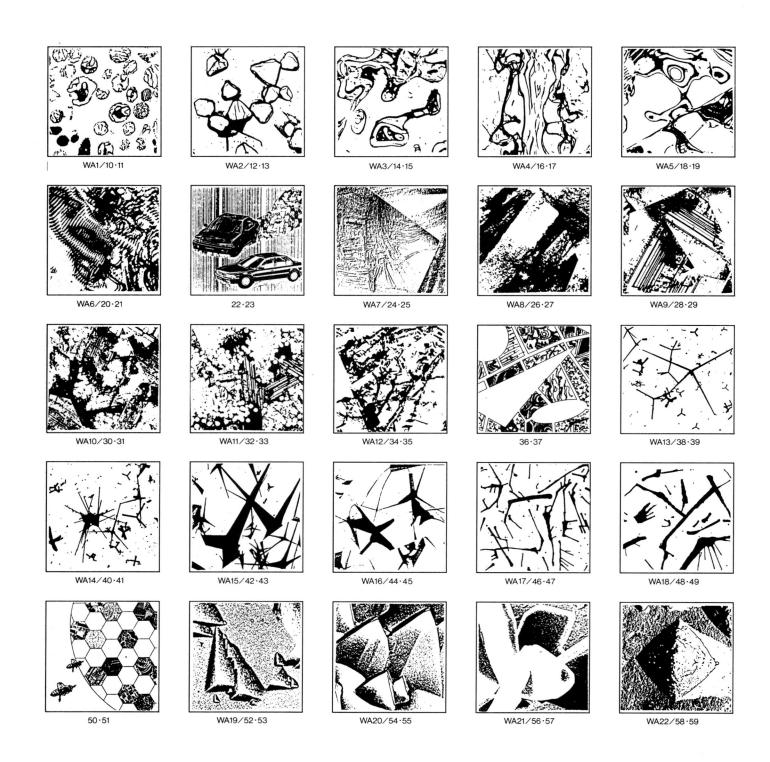

CONTENTS 2

ELEMENTS 12
COMMUNICATION
WAVE
PRODUCED BY
AIM CREATIVE PRODUCTS CO, LTD
JEUNESSE PLANNING CORPORATION

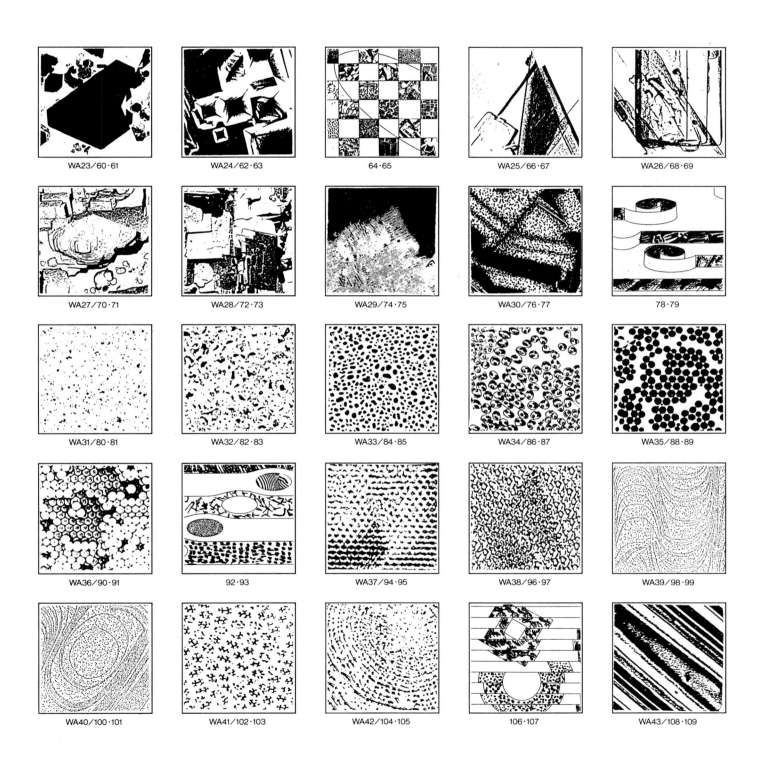

WA23／60·61	WA24／62·63	64·65	WA25／66·67	WA26／68·69
WA27／70·71	WA28／72·73	WA29／74·75	WA30／76·77	78·79
WA31／80·81	WA32／82·83	WA33／84·85	WA34／86·87	WA35／88·89
WA36／90·91	92·93	WA37／94·95	WA38／96·97	WA39／98·99
WA40／100·101	WA41／102·103	WA42／104·105	106·107	WA43／108·109

CONTENTS 3

ELEMENTS 12
COMMUNICATION
WAVE
PRODUCED BY
AIM CREATIVE PRODUCTS CO, LTD
JEUNESSE PLANNING CORPORATION

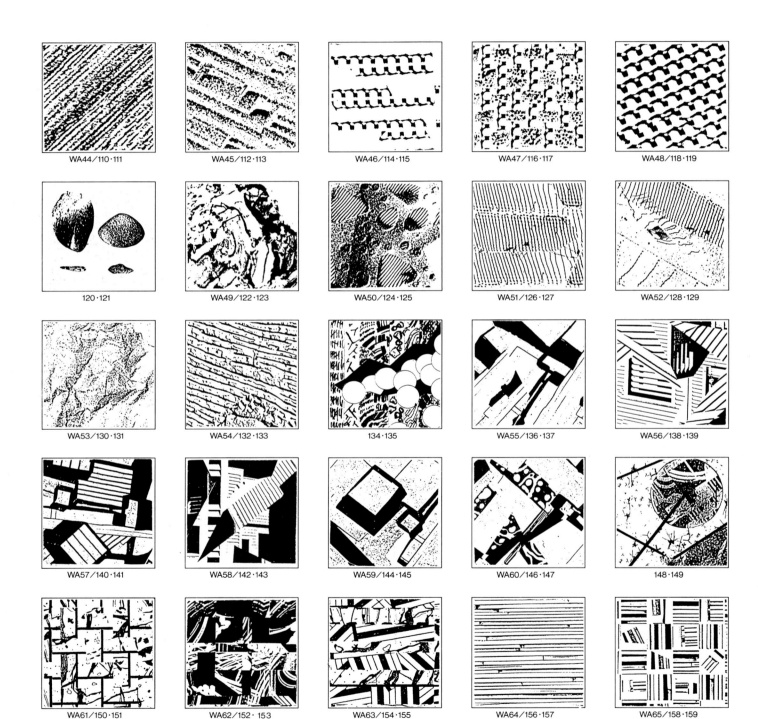

CONTENTS 4 | **ELEMENTS 12**
COMMUNICATION
WAVE
PRODUCED BY
AIM CREATIVE PRODUCTS CO, LTD
JEUNESSE PLANNING CORPORATION

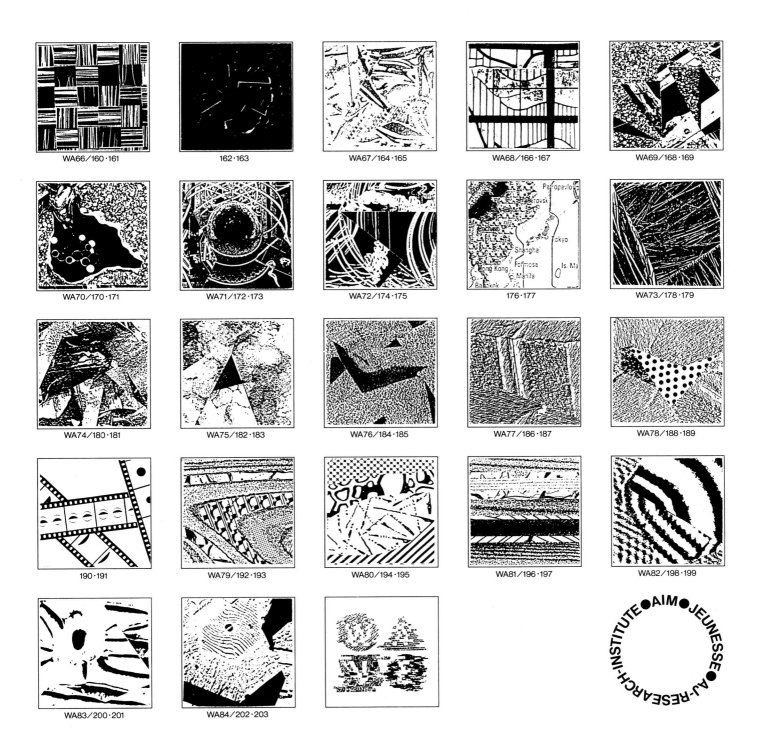

ELEMENTS

パターン清刷集・エレメンツ

COMMUNICATION
12

ウェーブ

WAVE

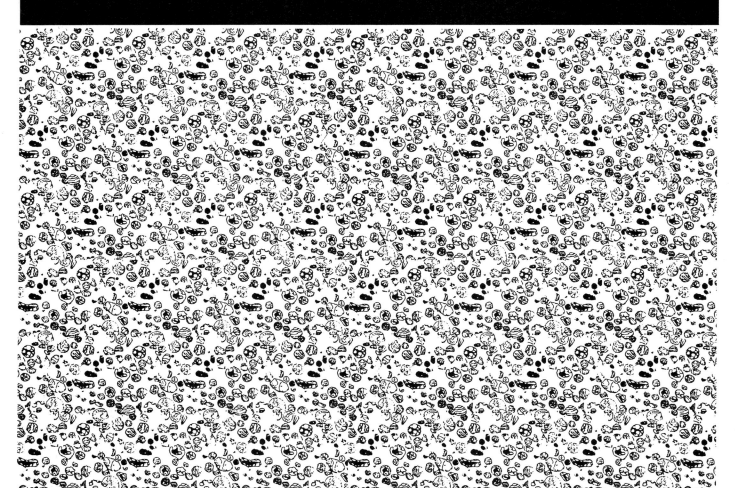

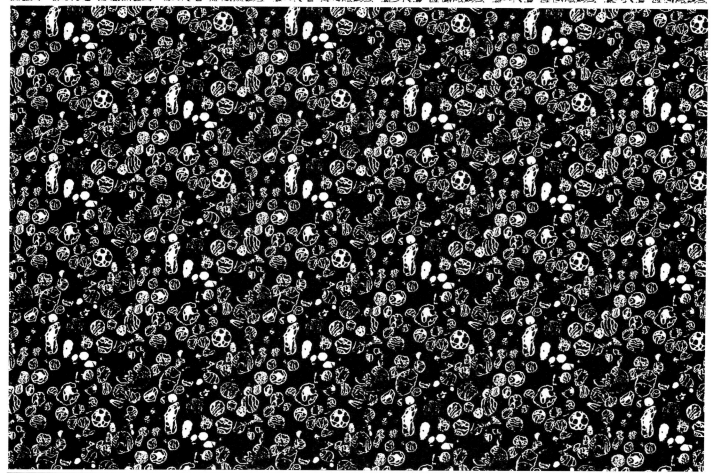

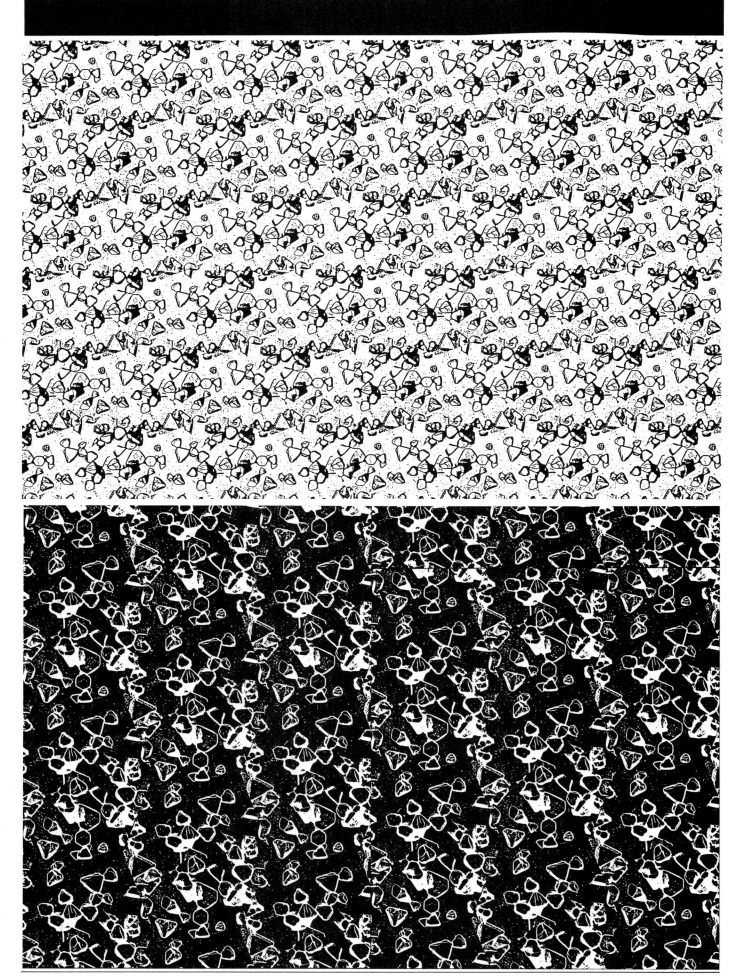

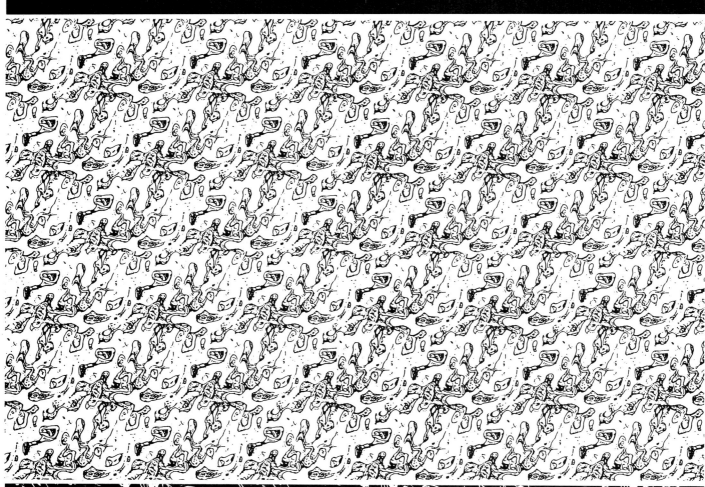

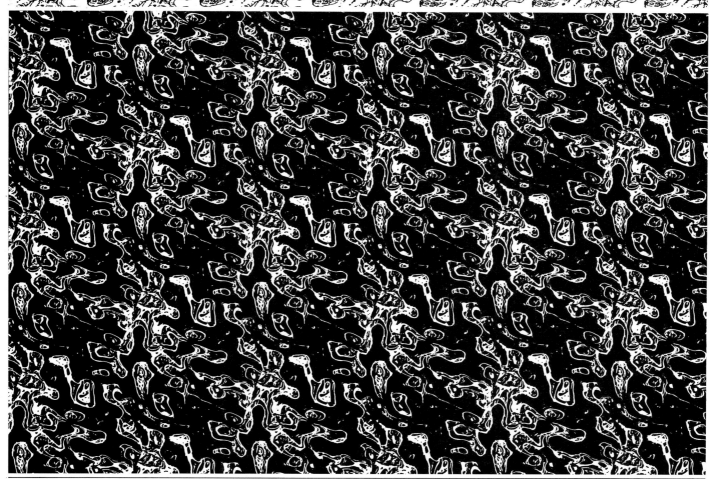

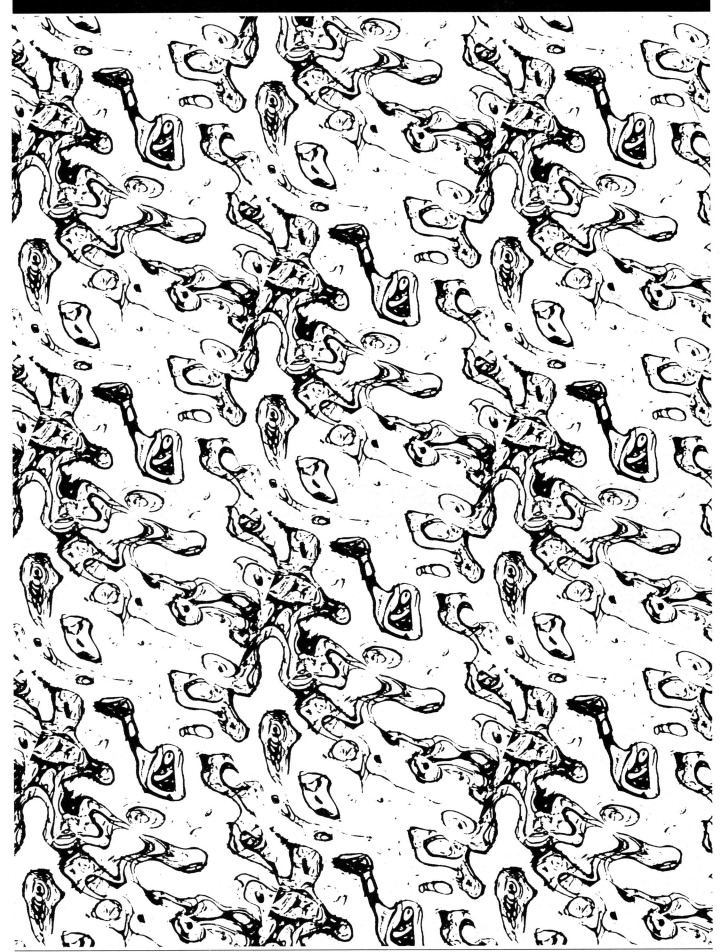

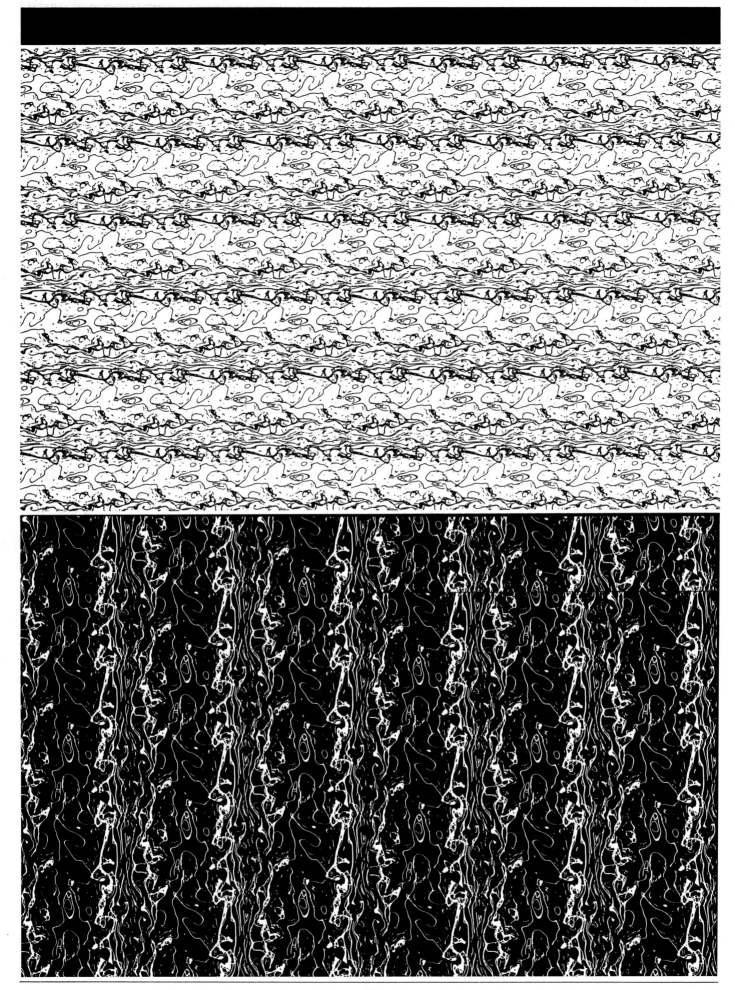

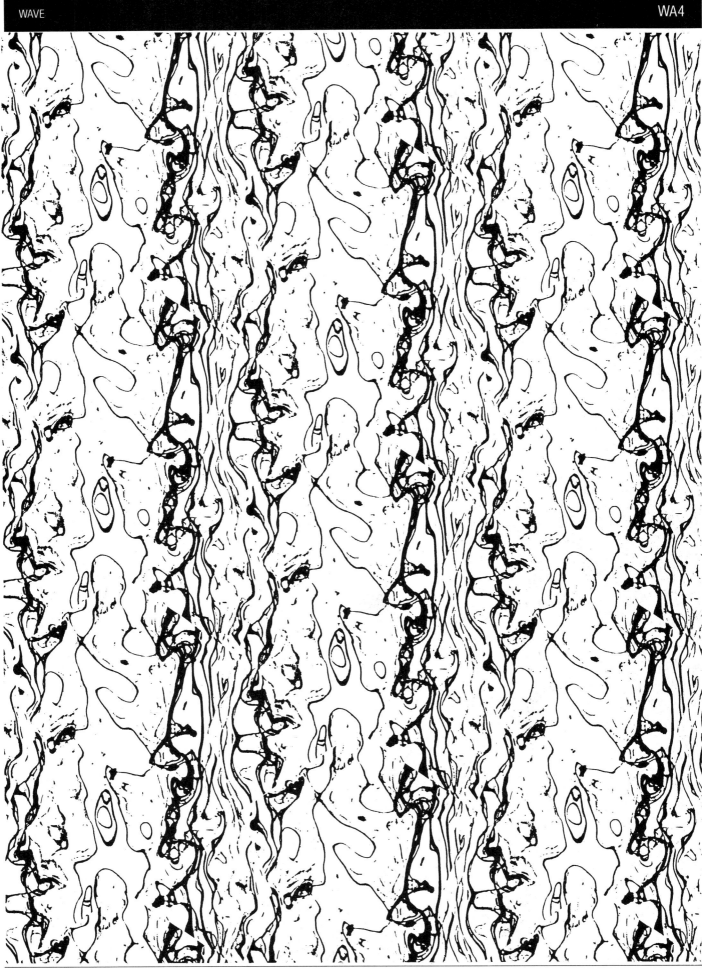

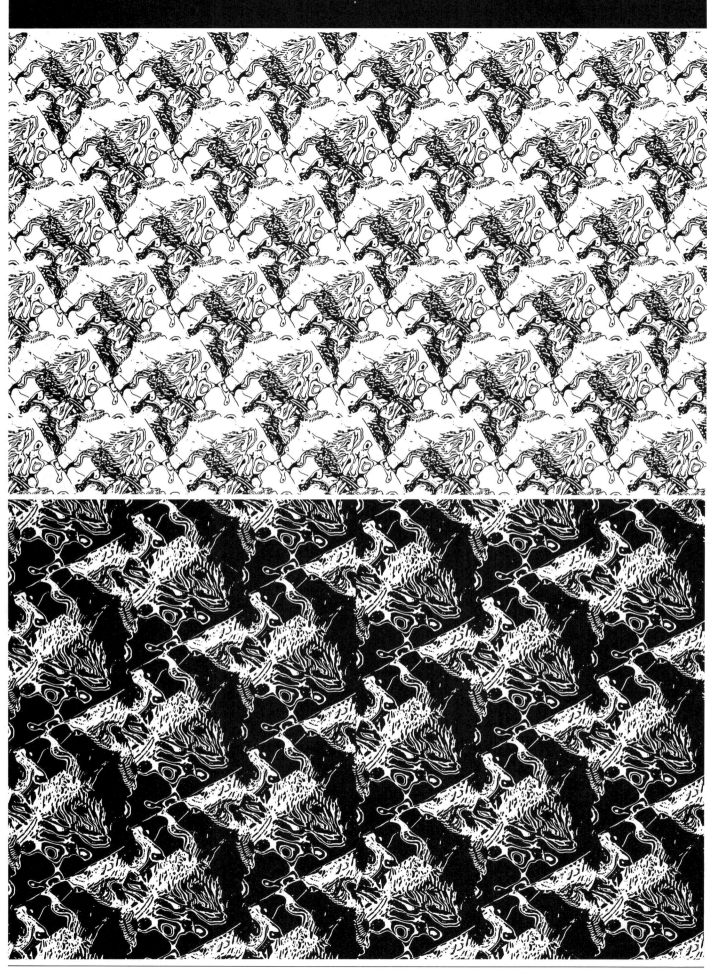

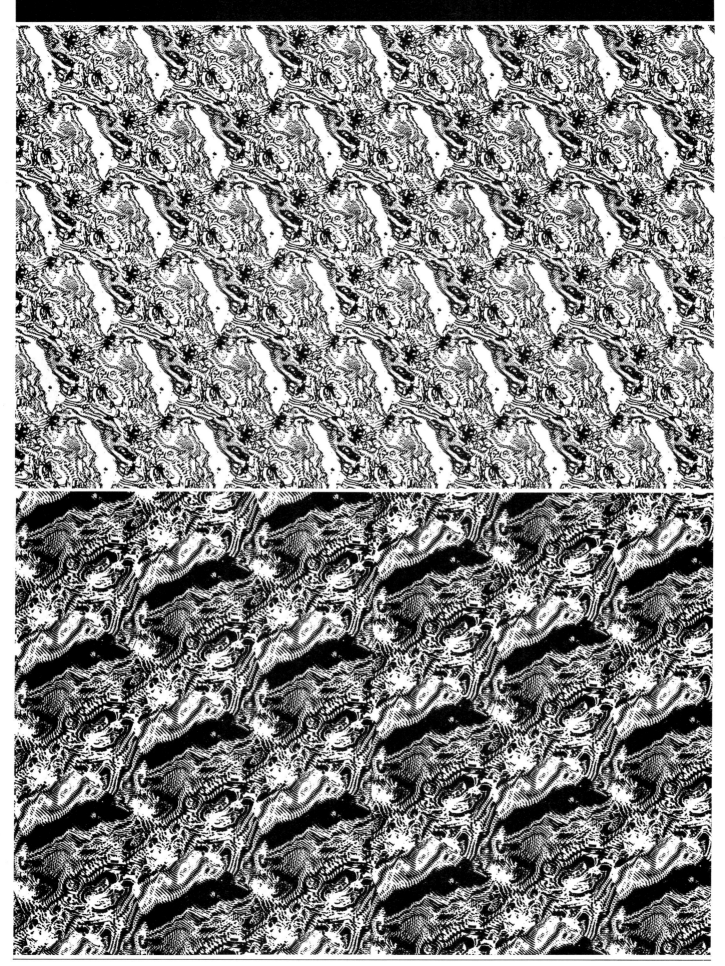

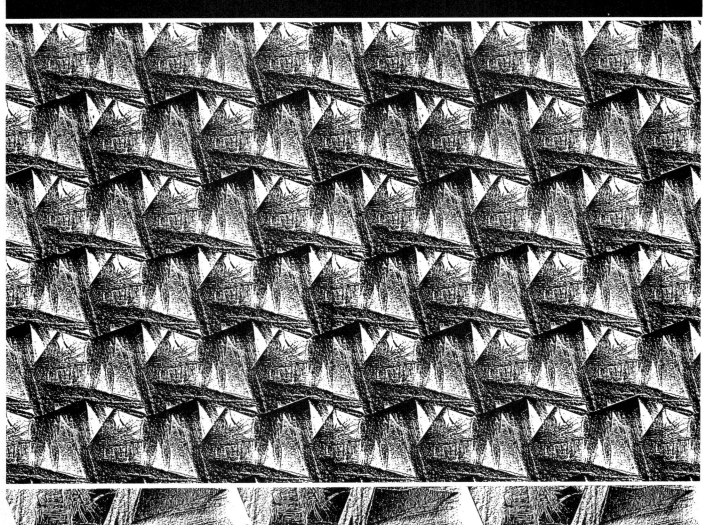

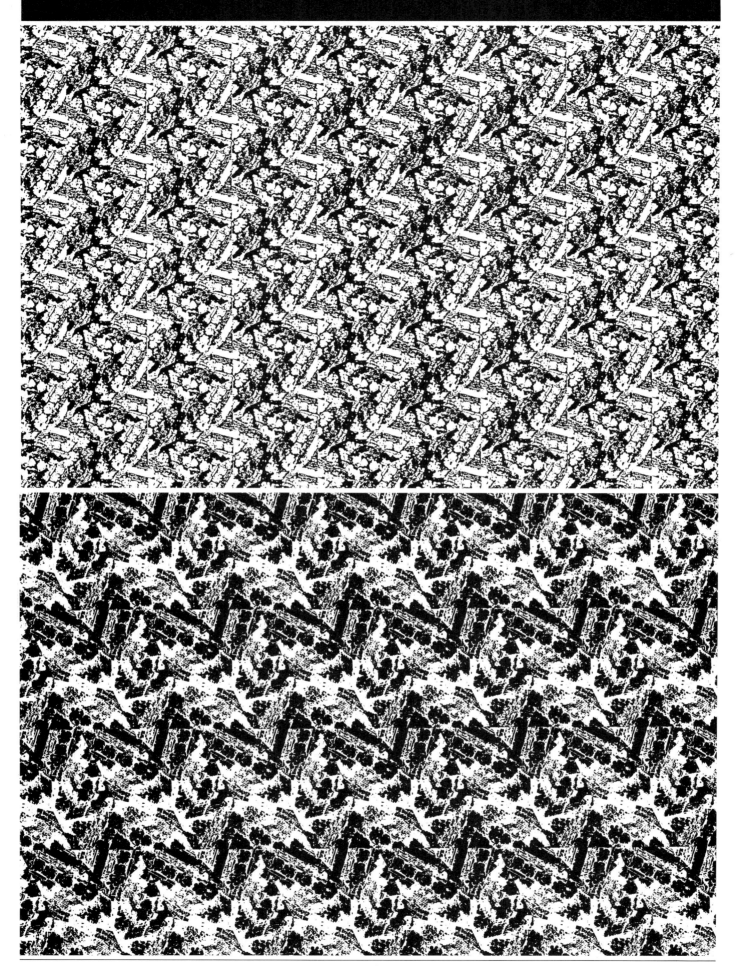

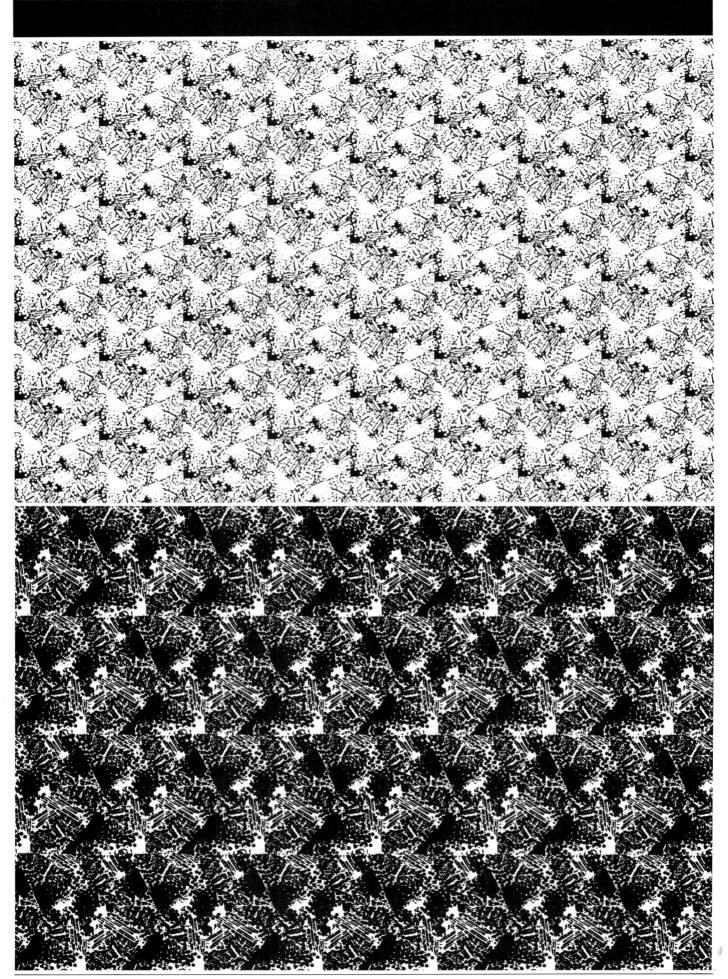

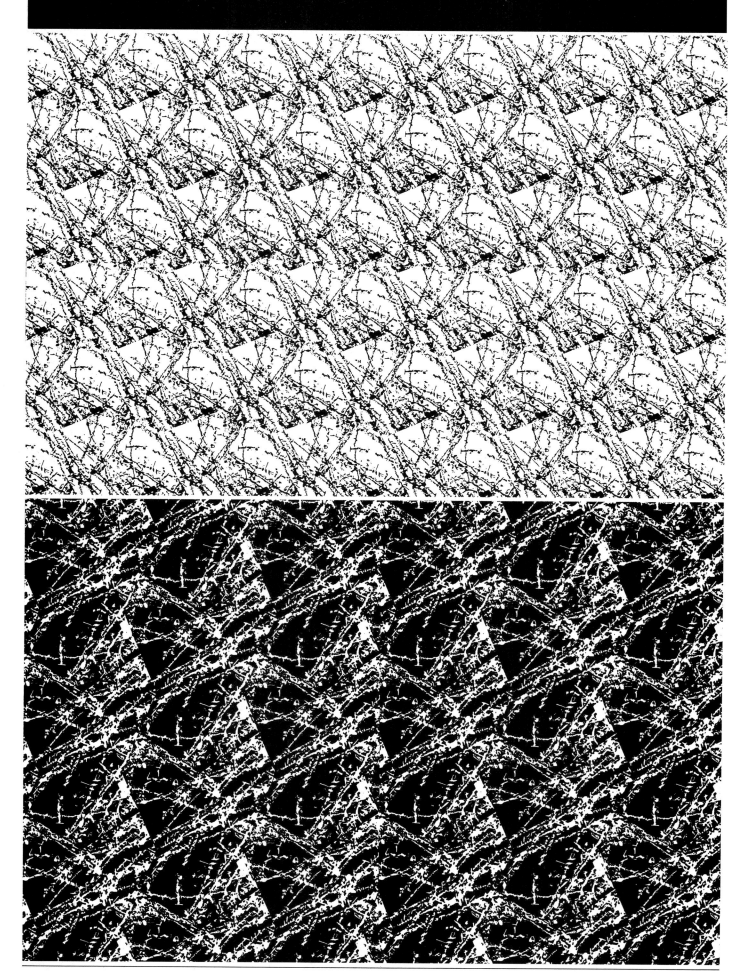

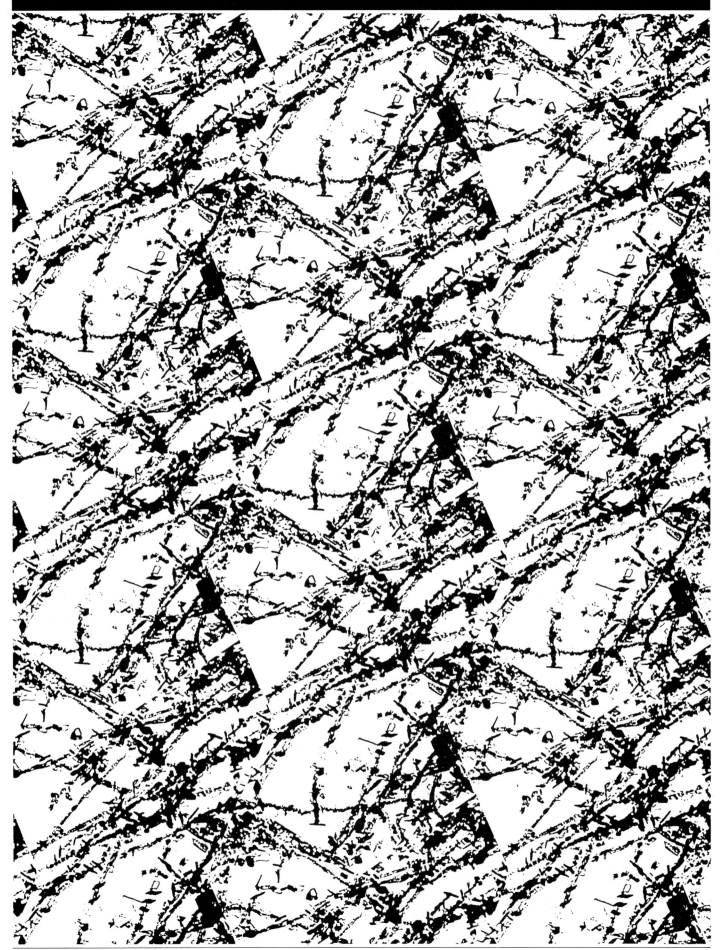

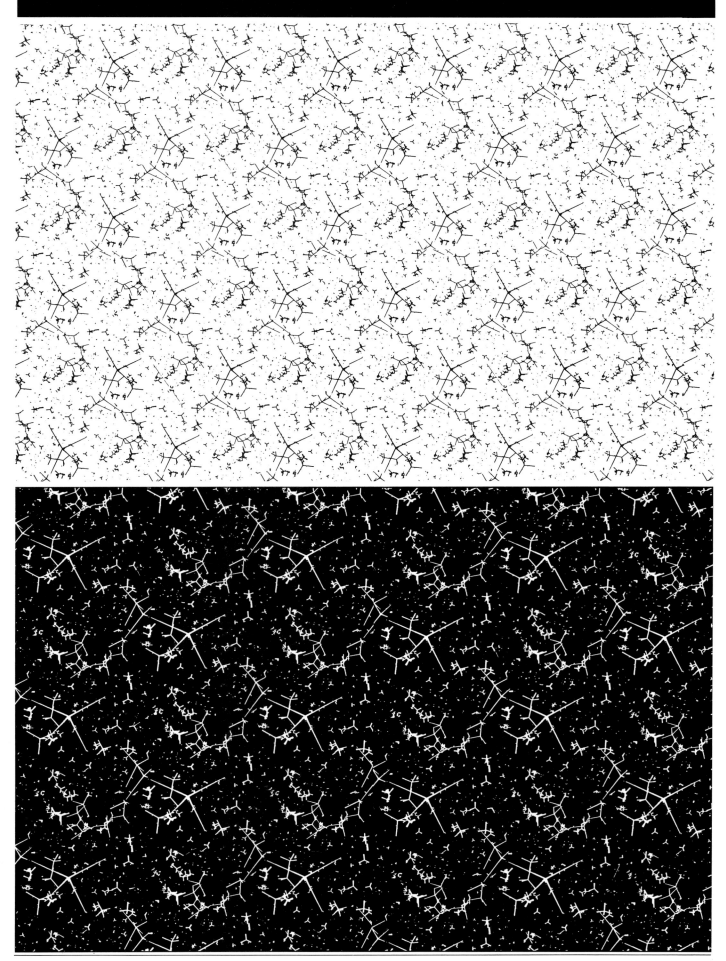

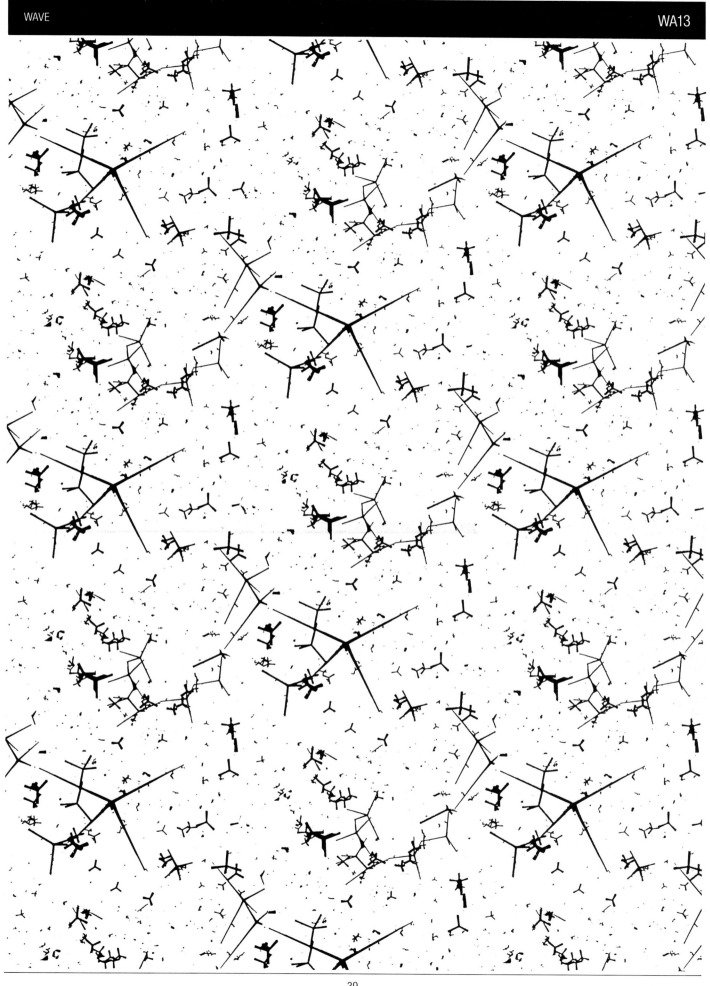

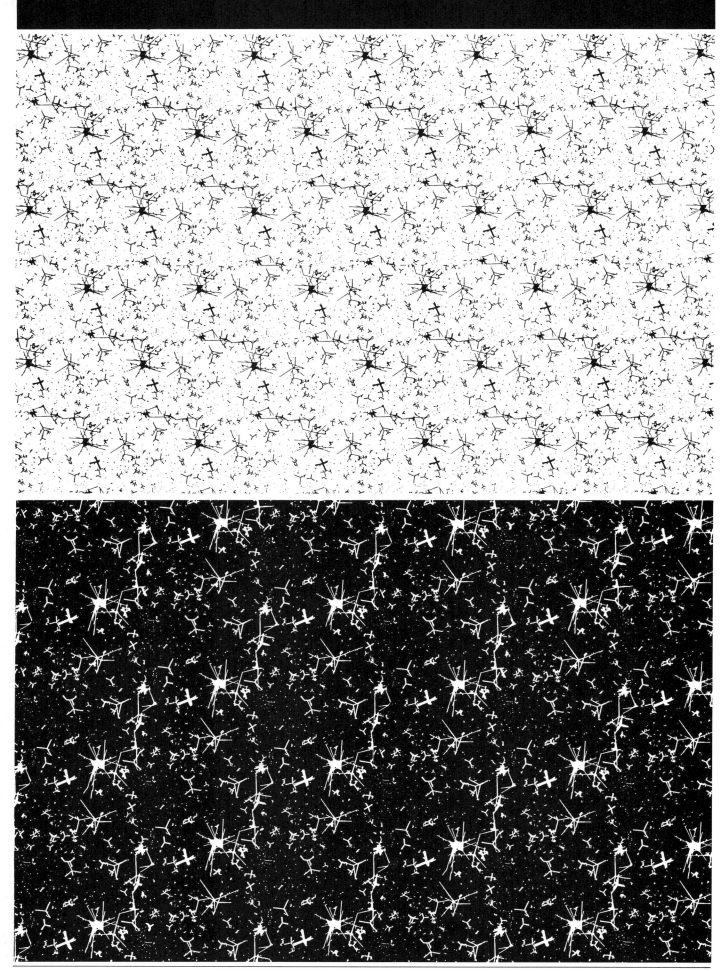

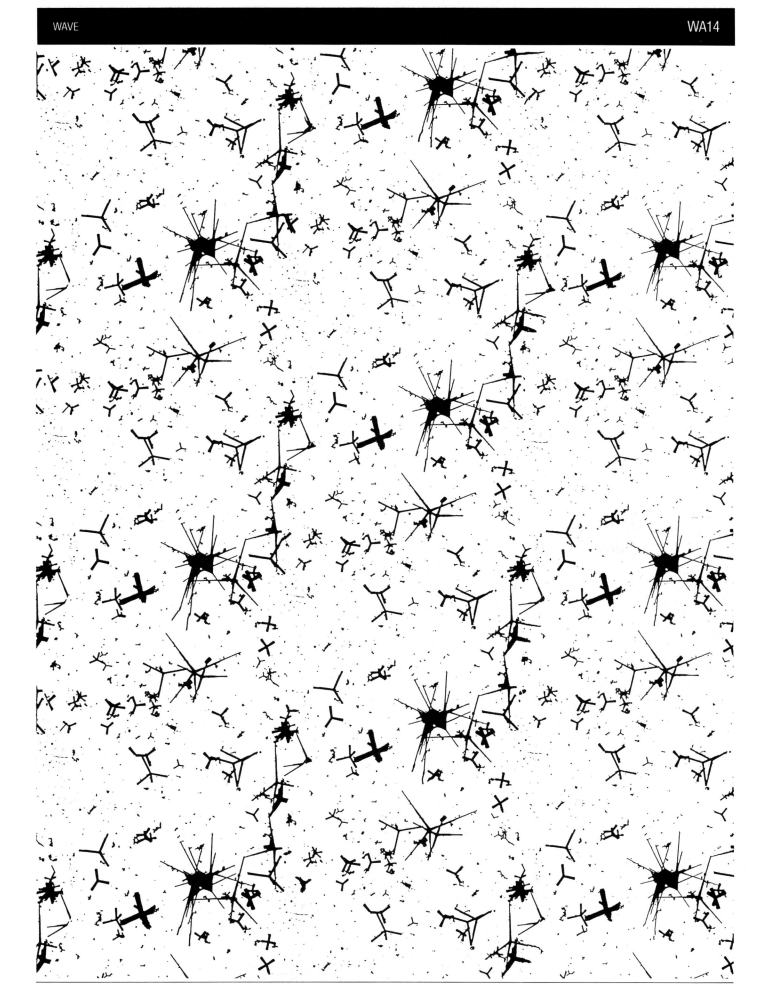

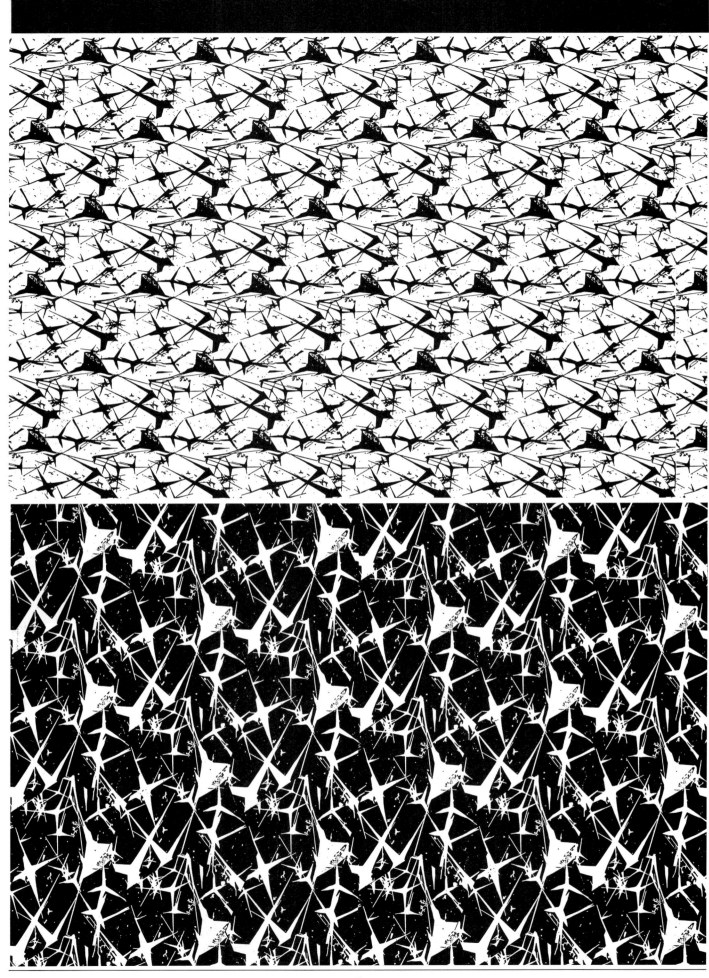

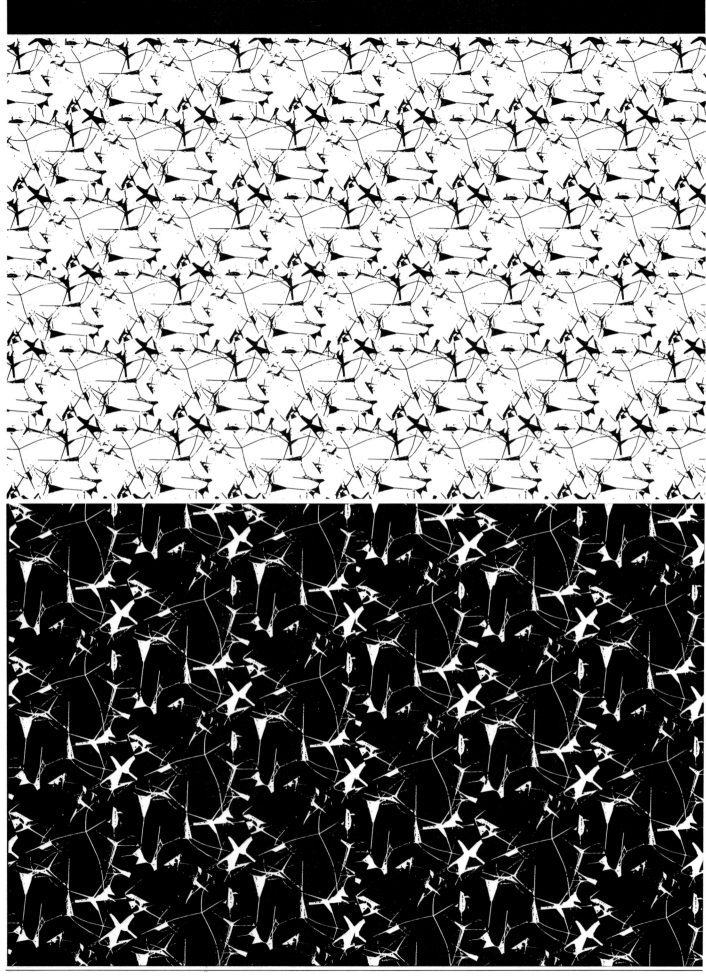

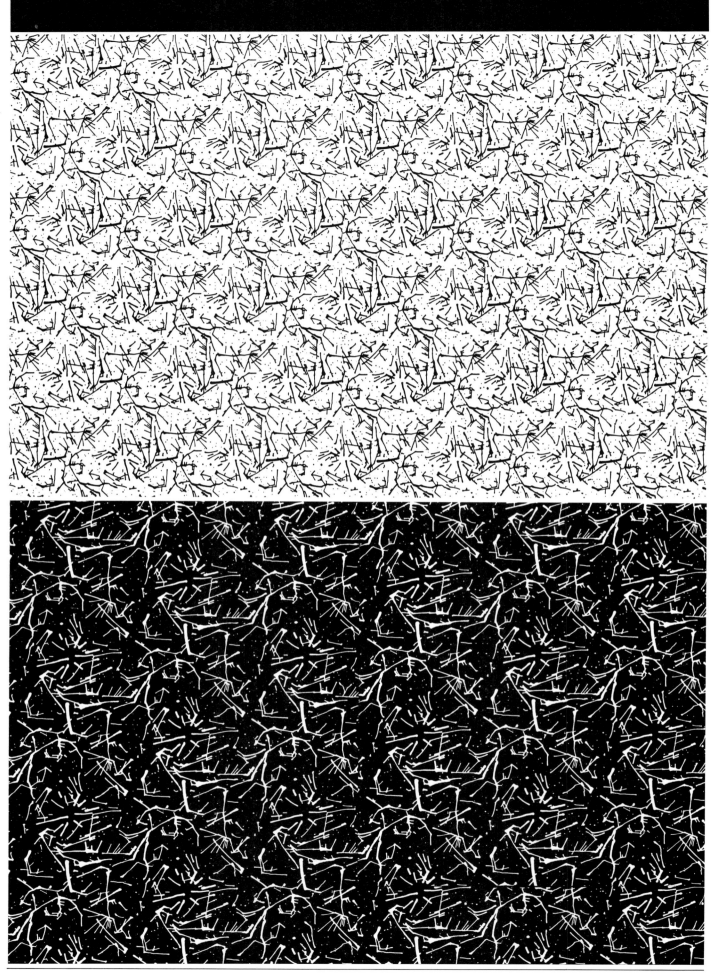

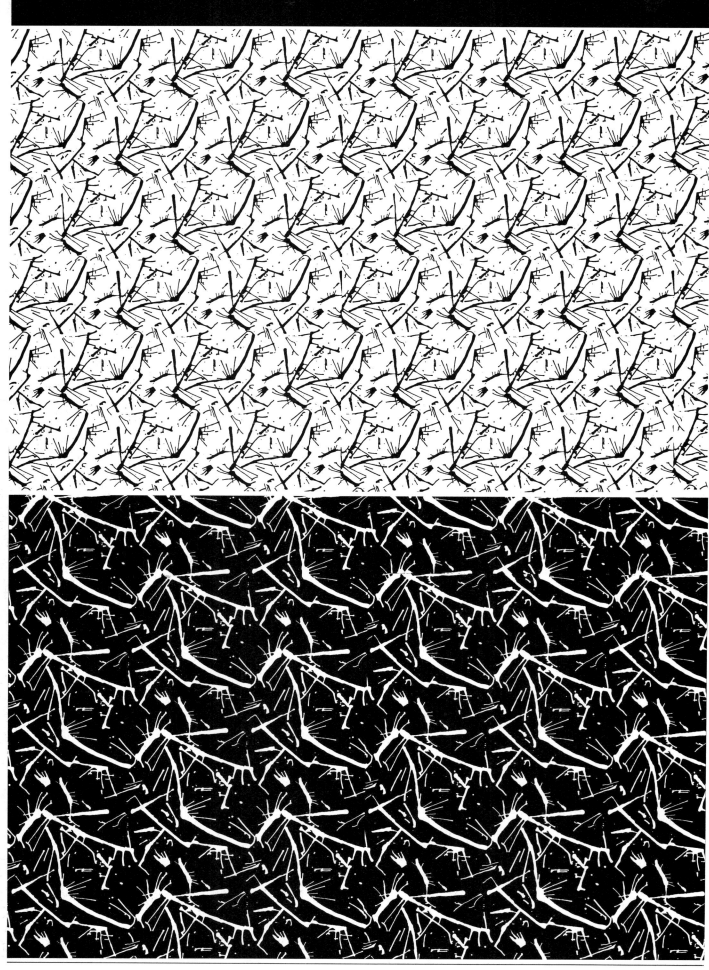

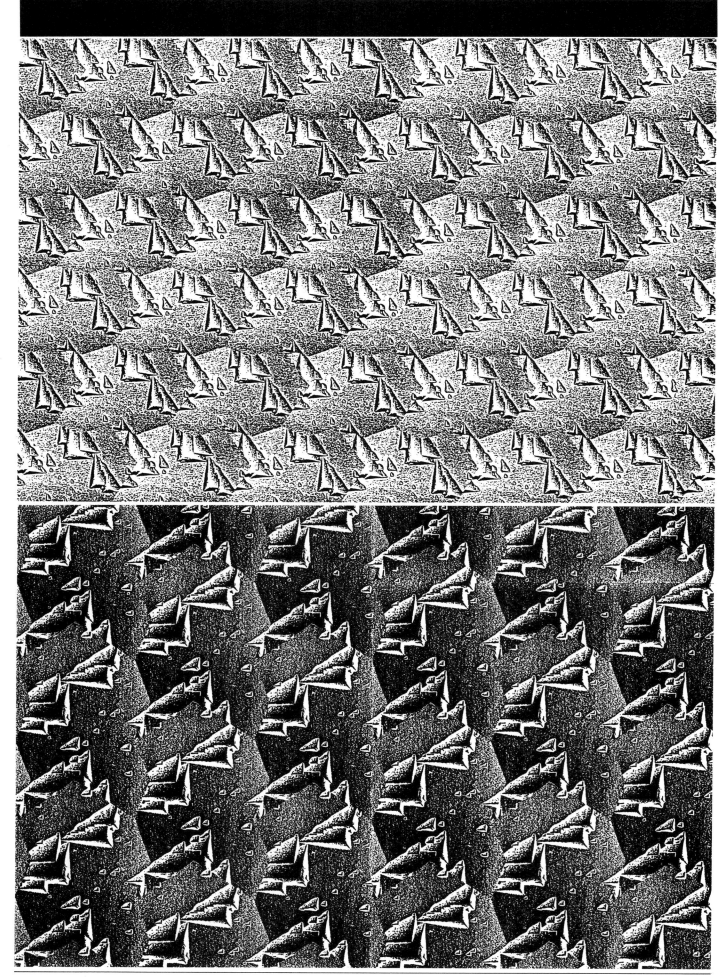

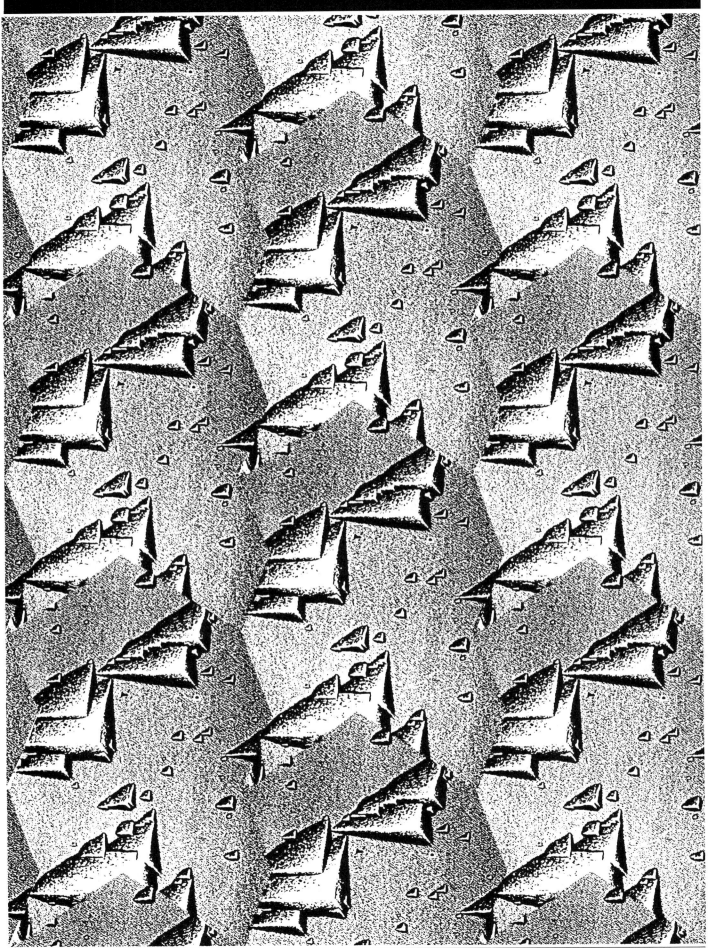

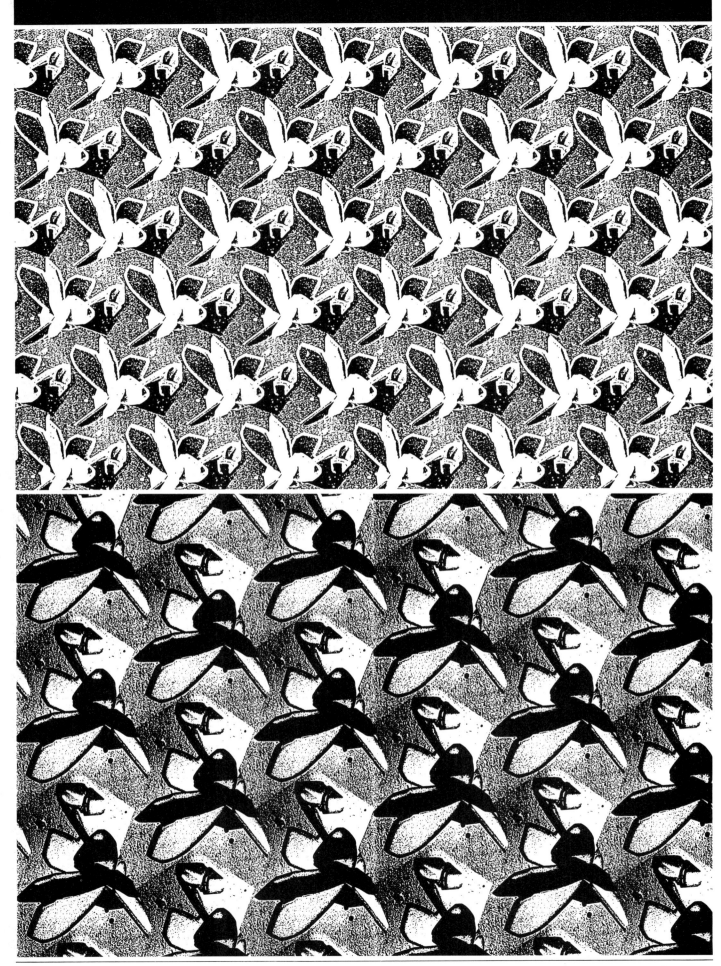

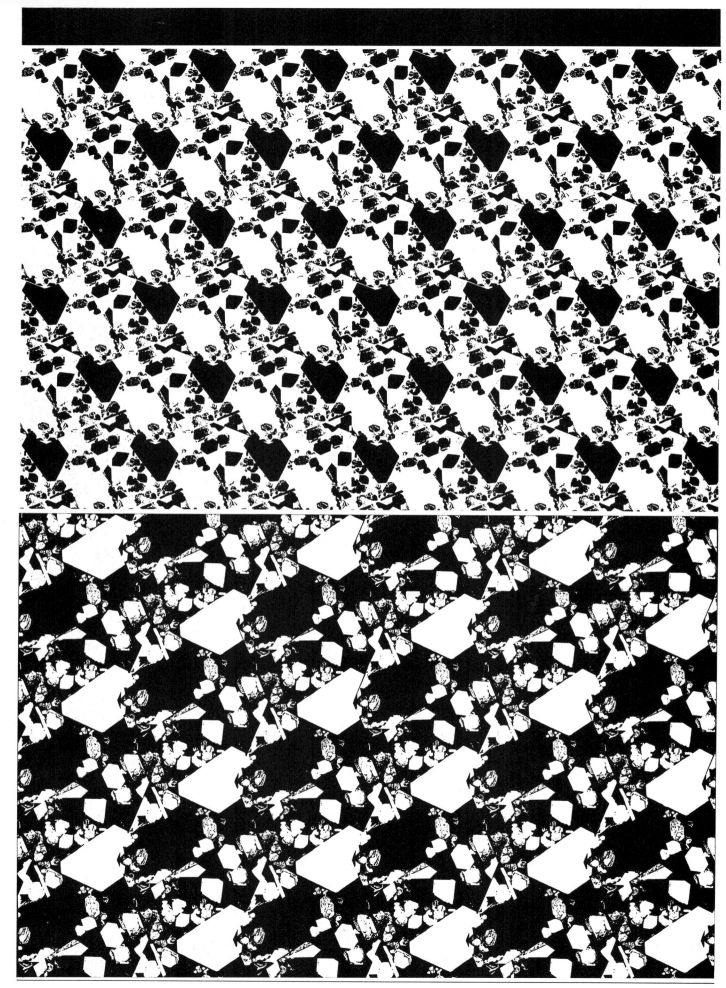

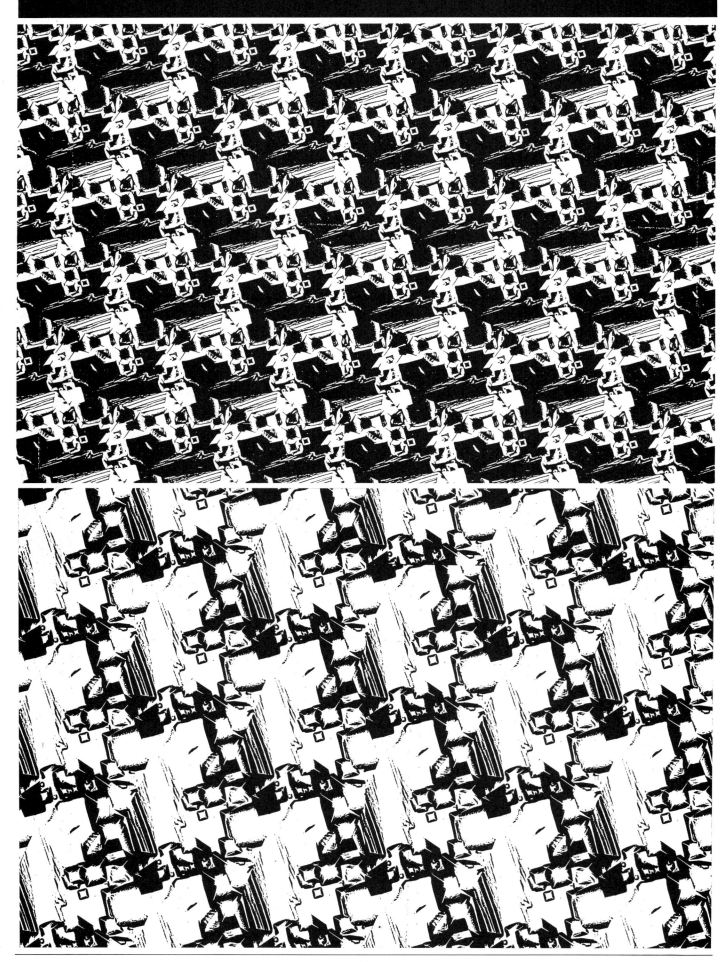

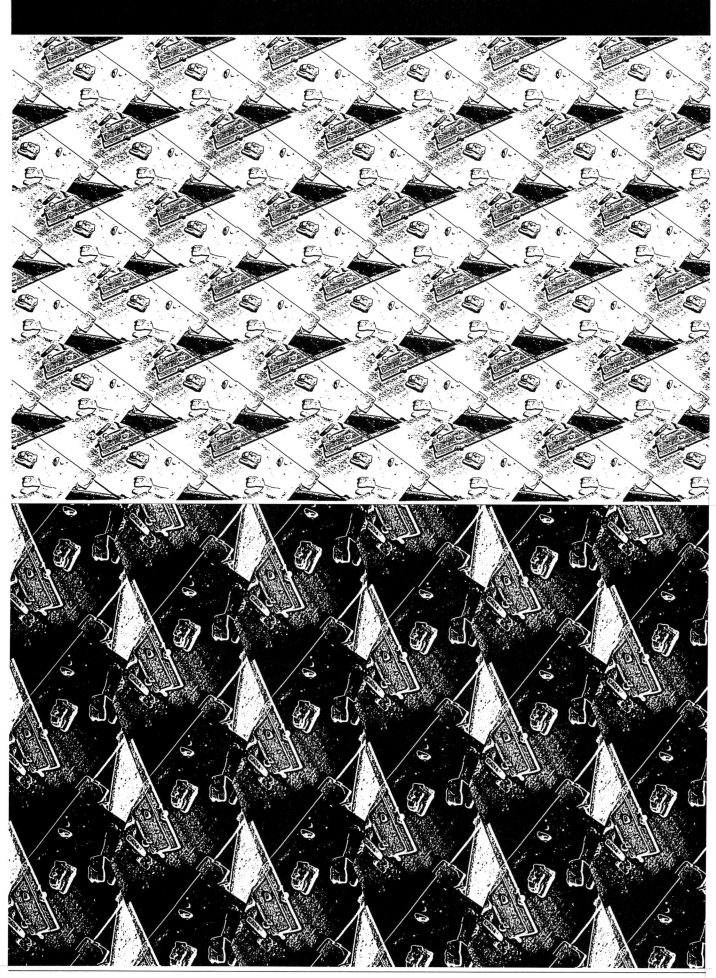

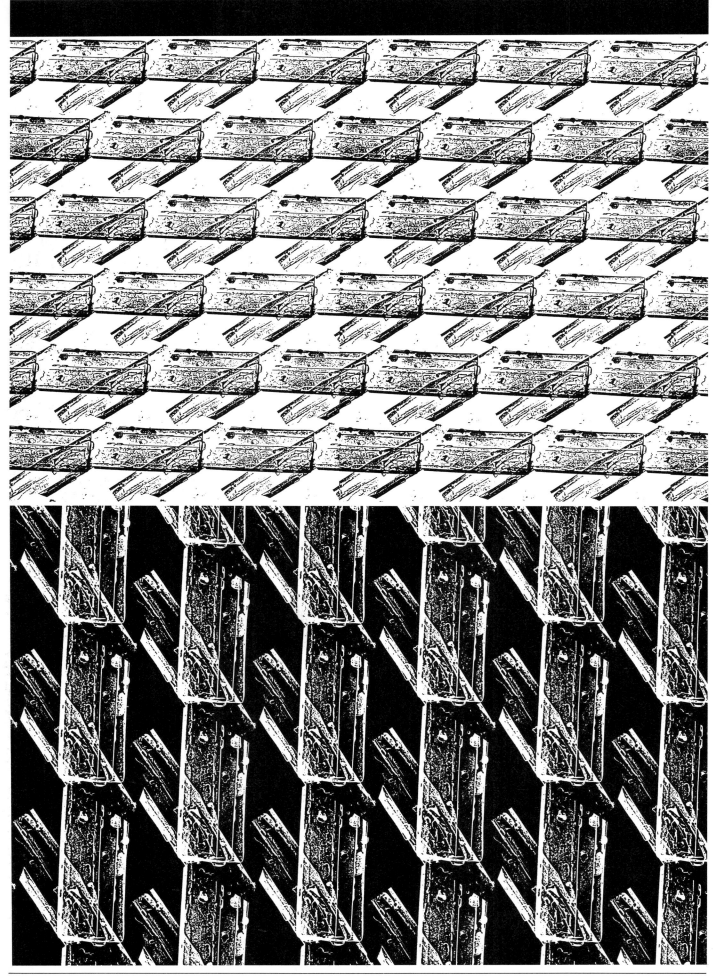

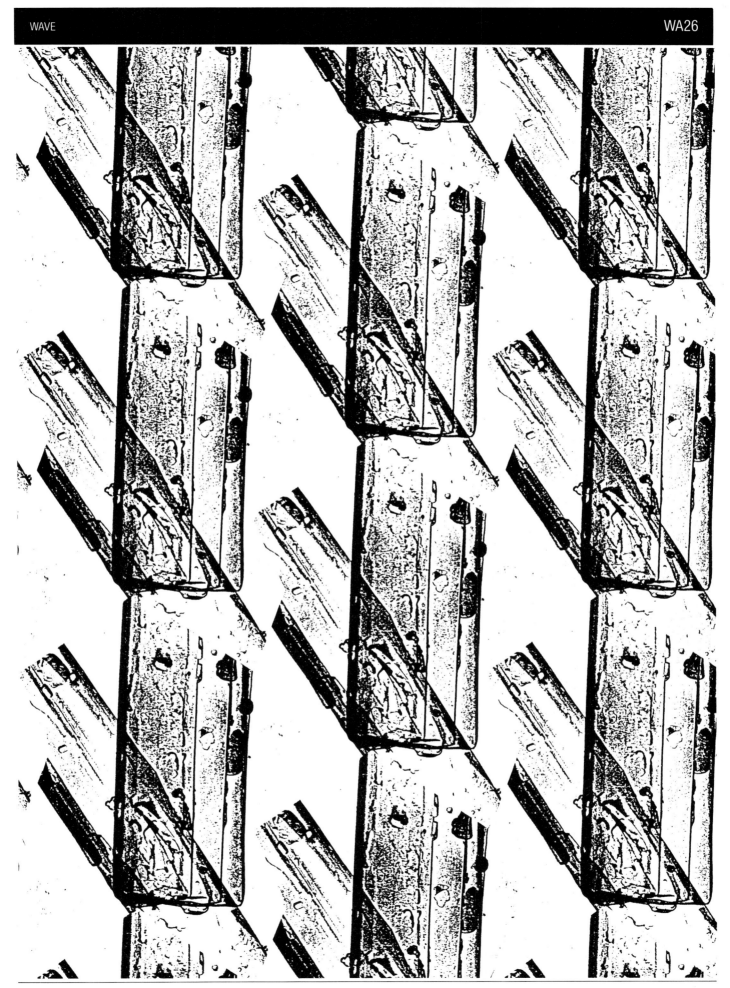

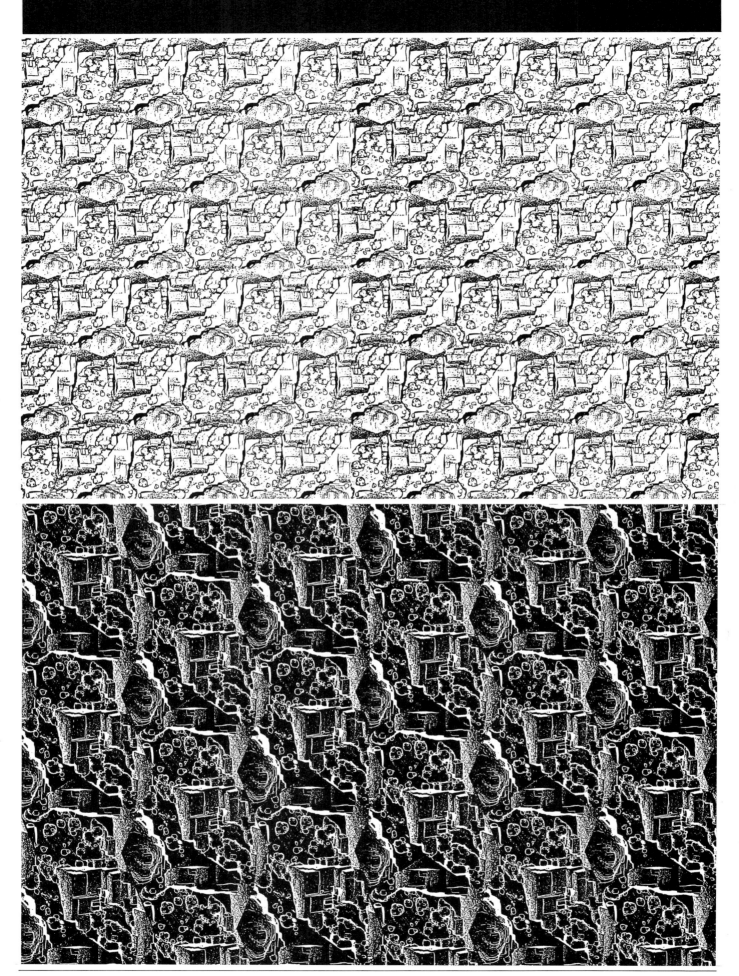

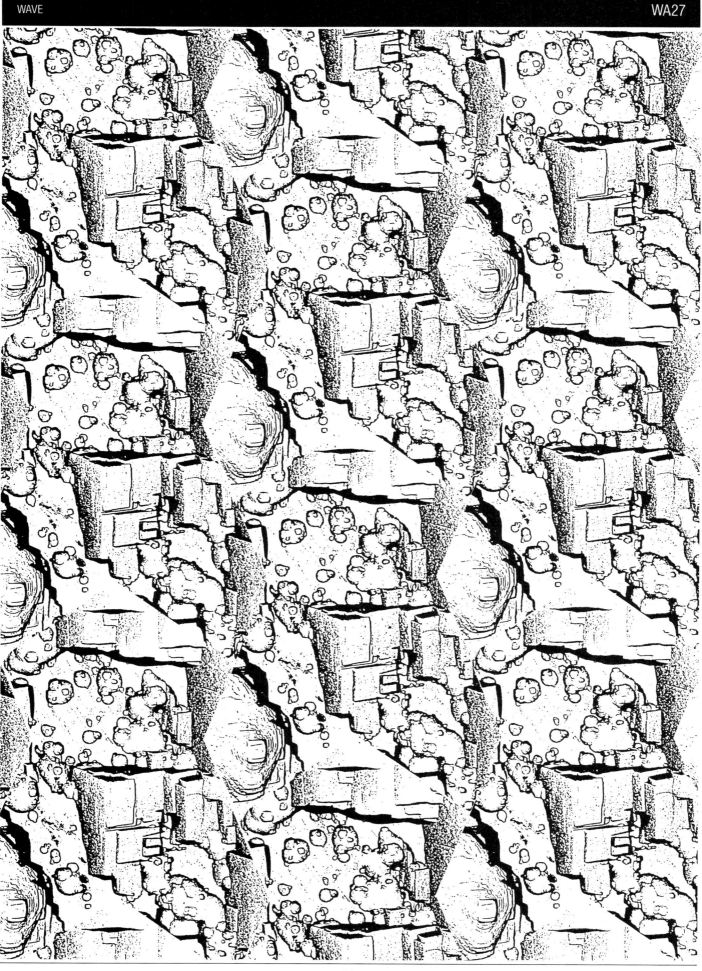

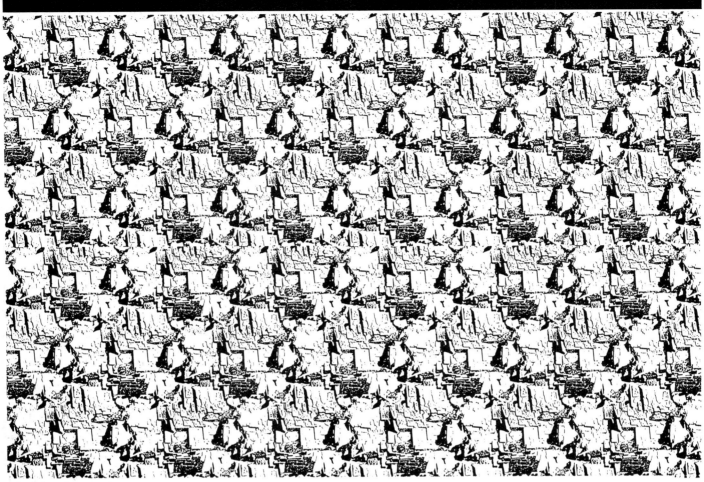

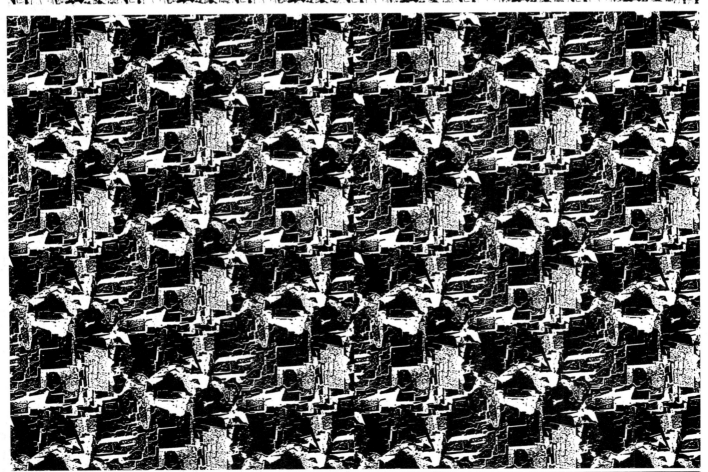

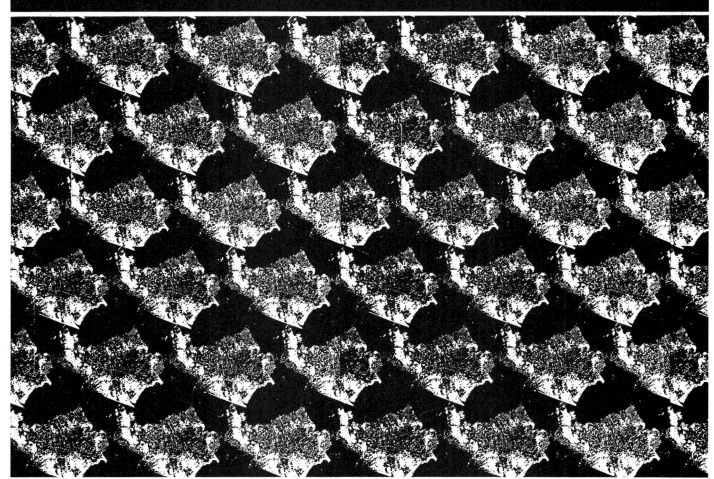

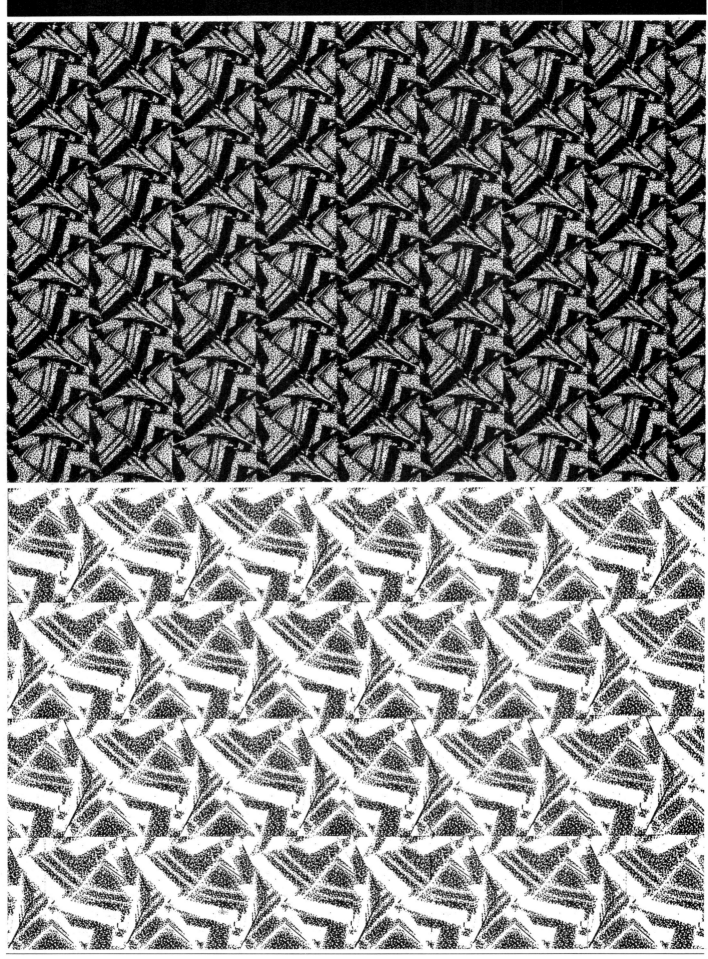

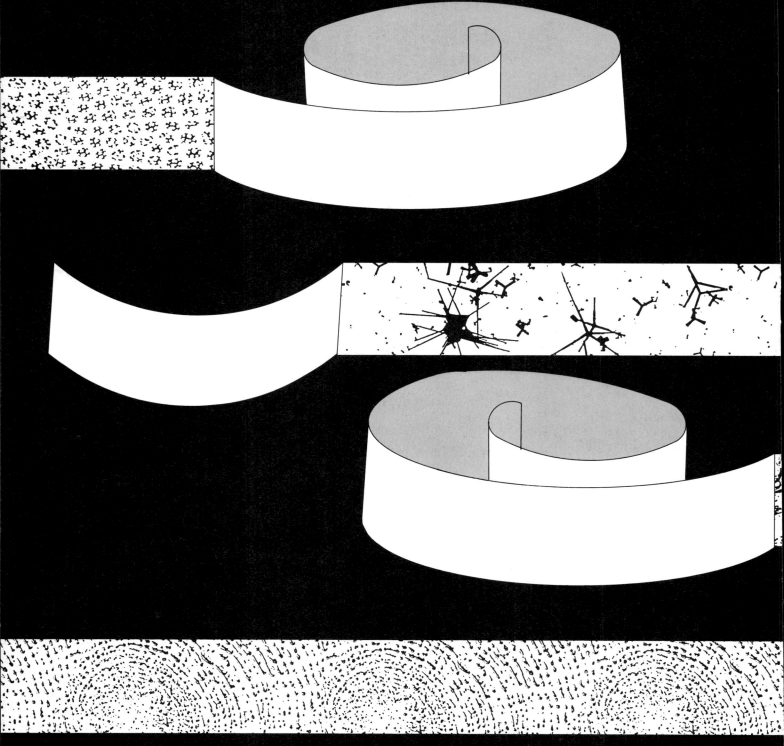

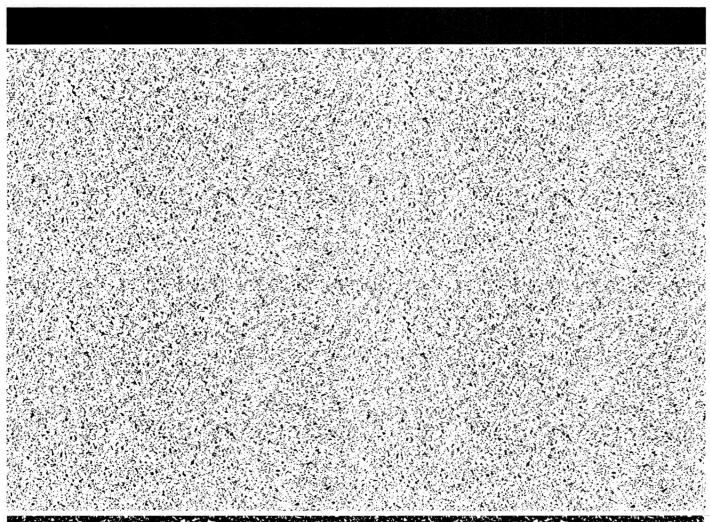

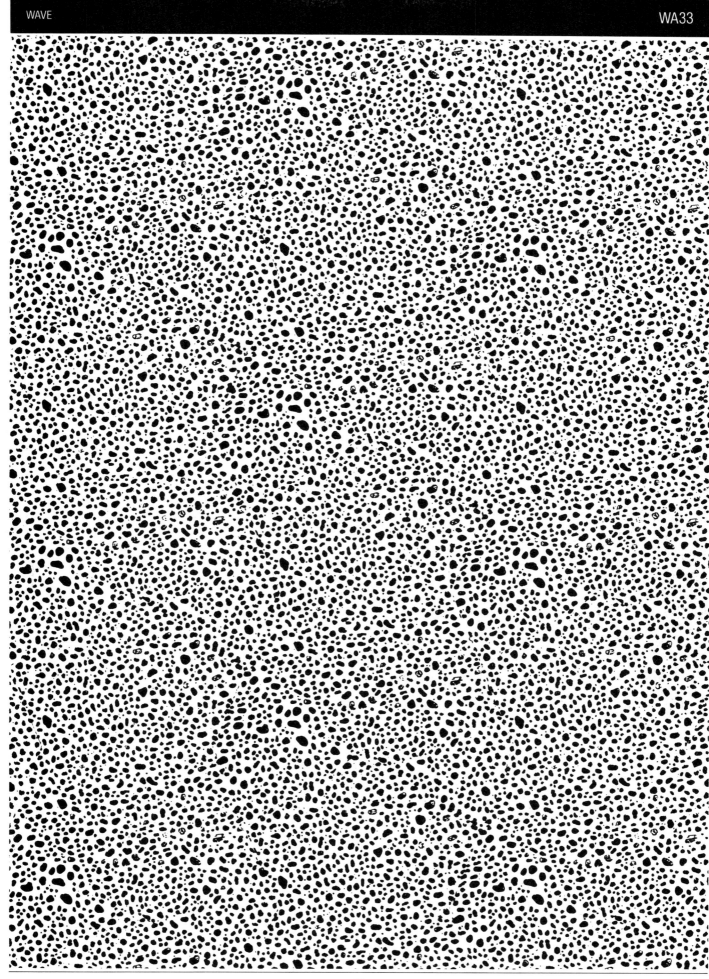

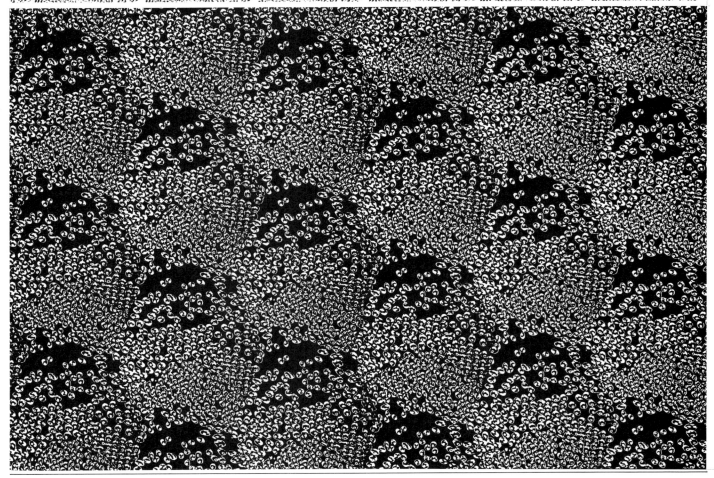

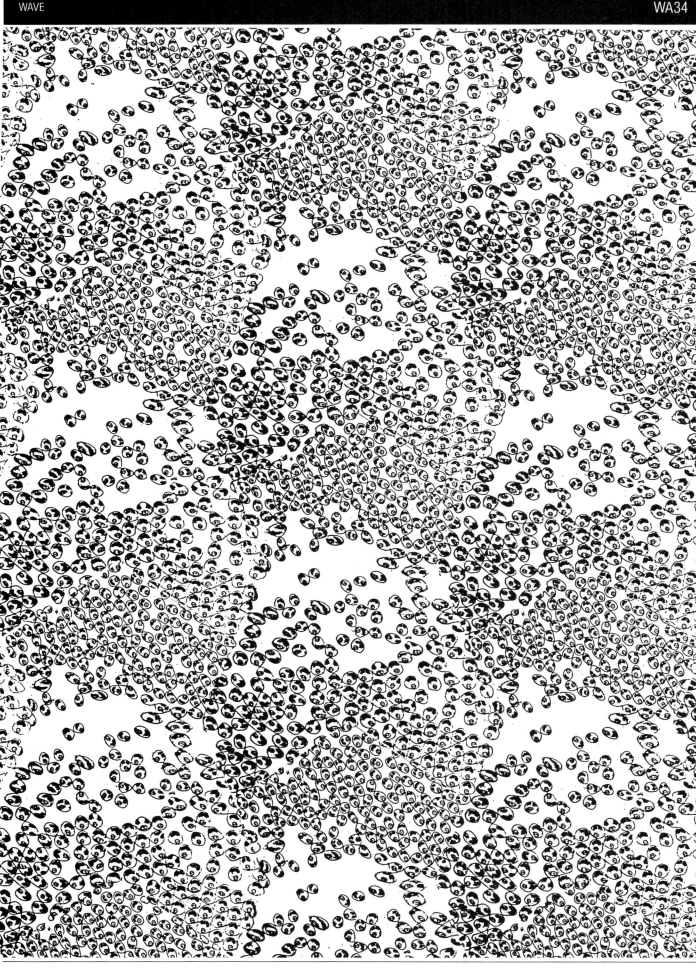

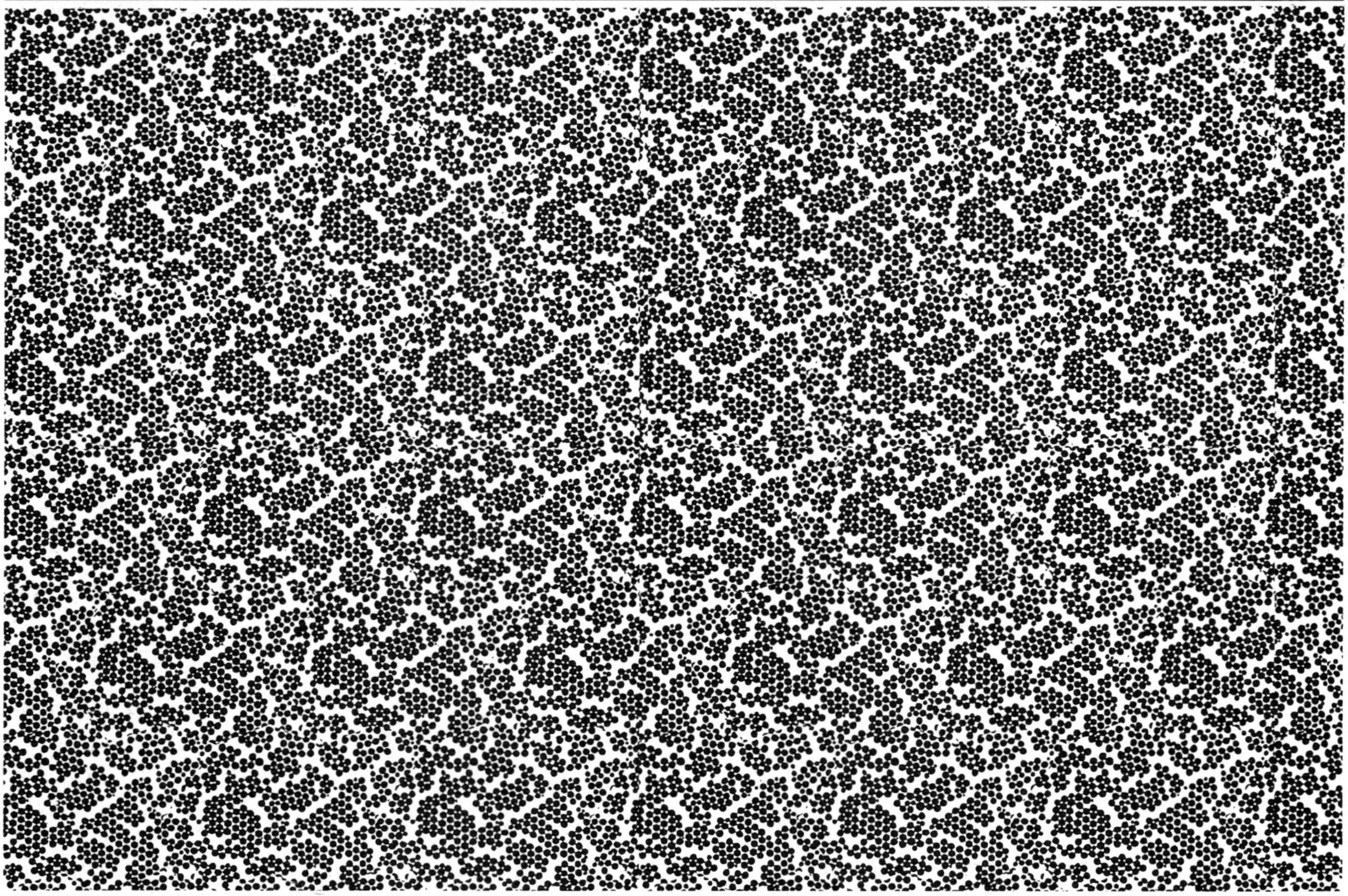

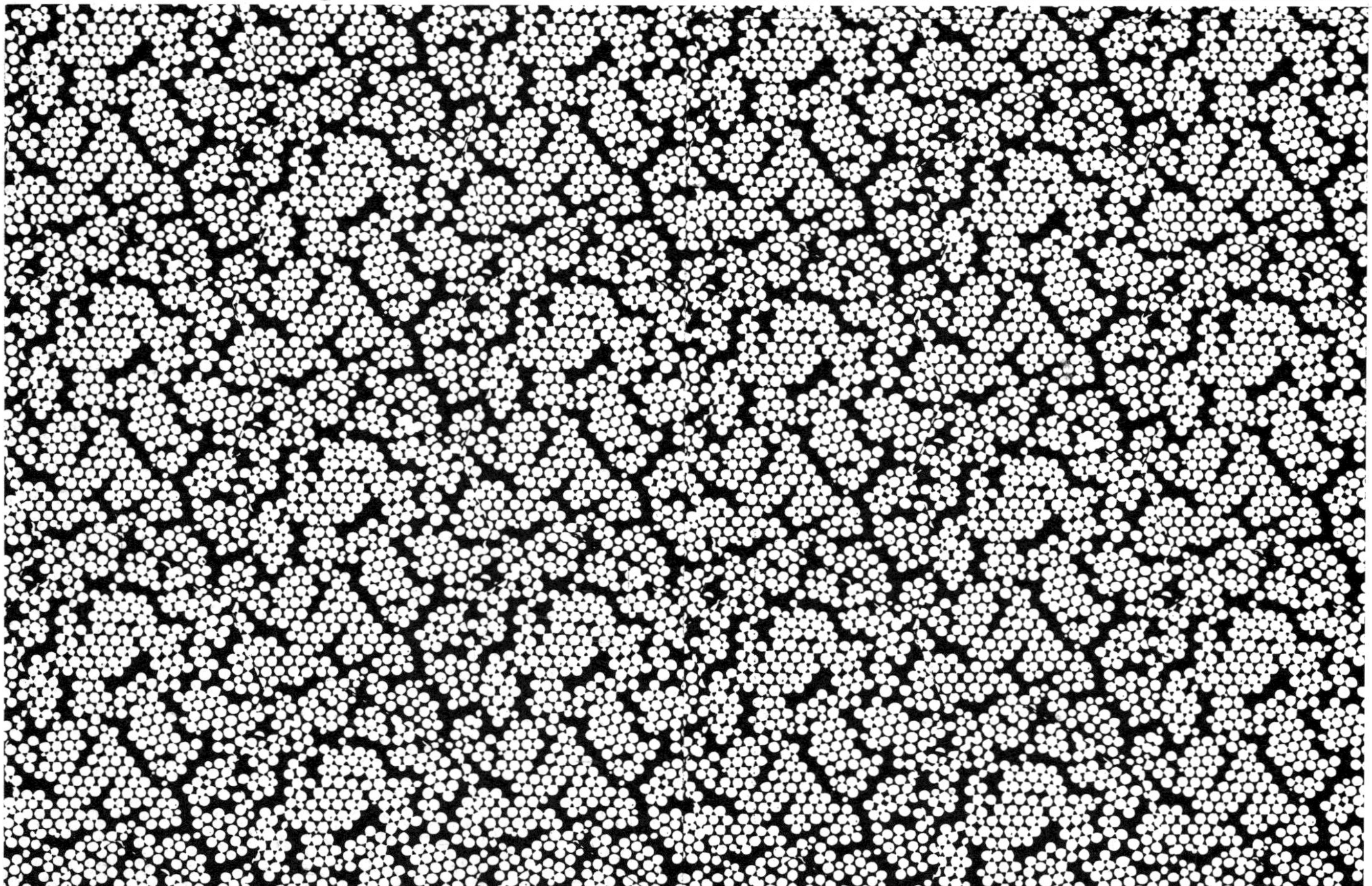

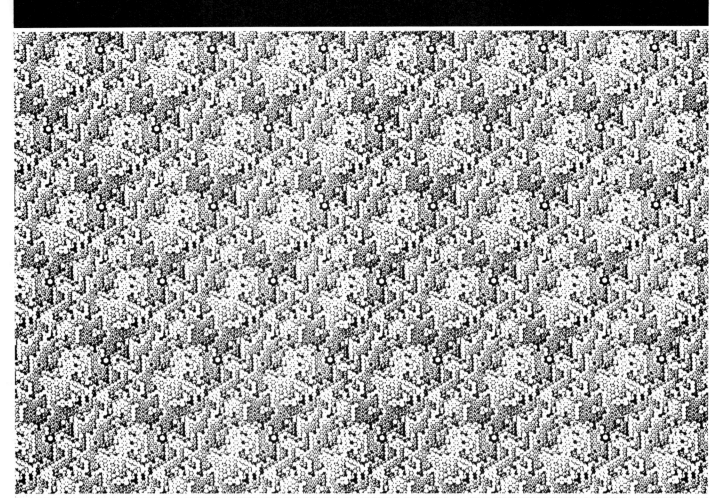

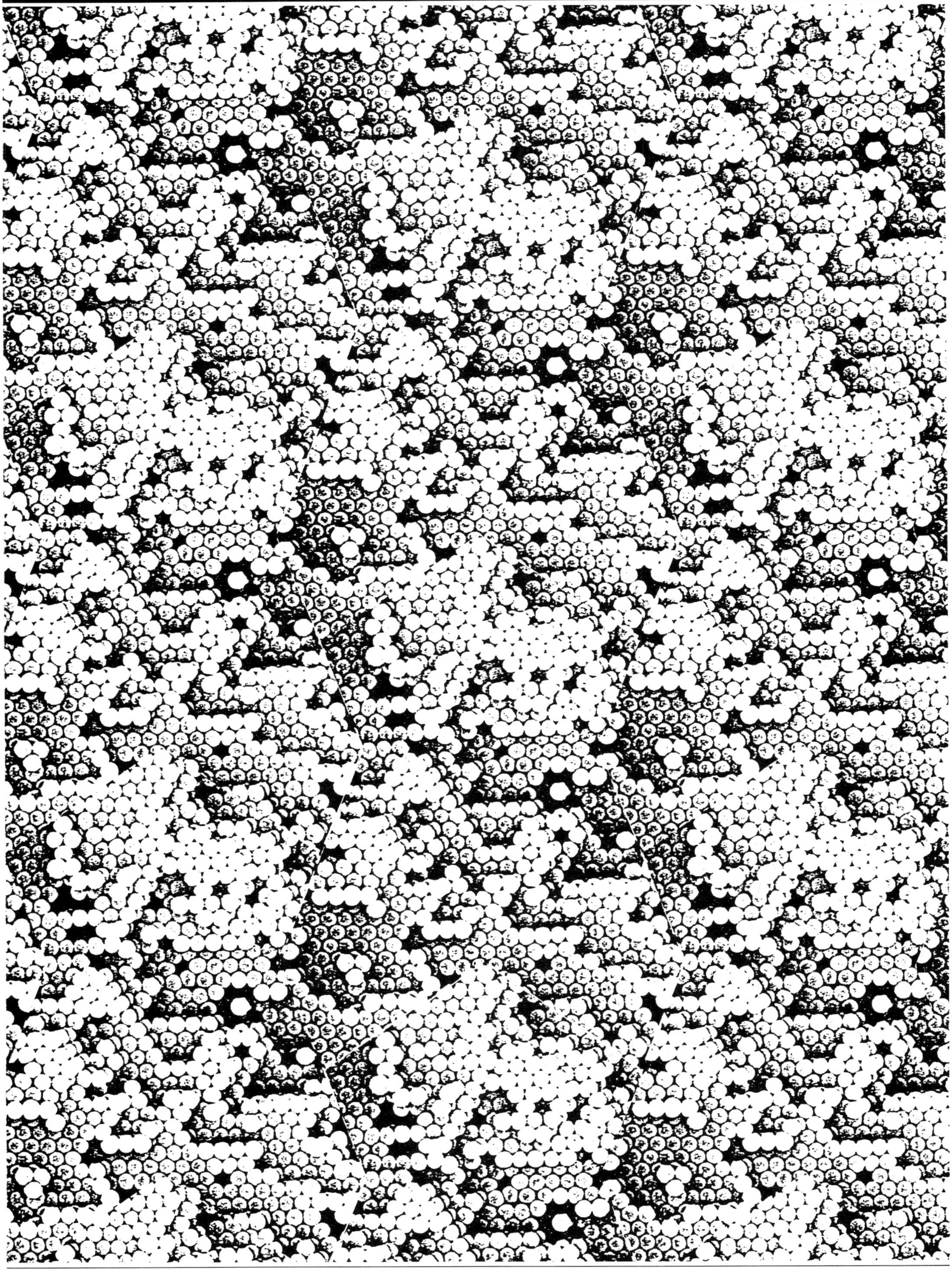

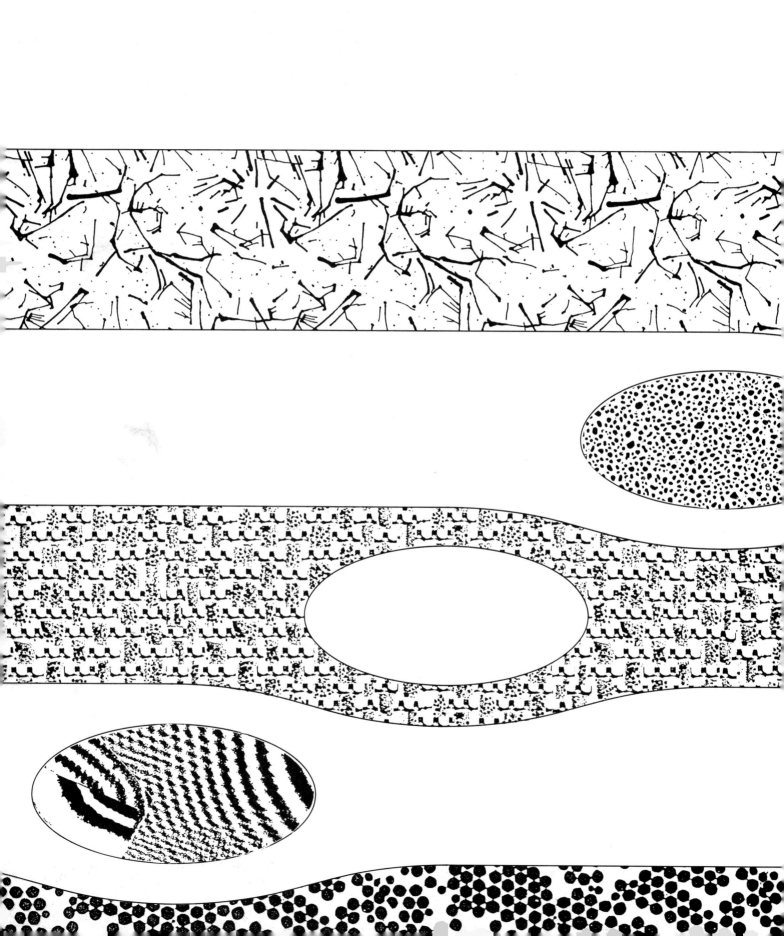

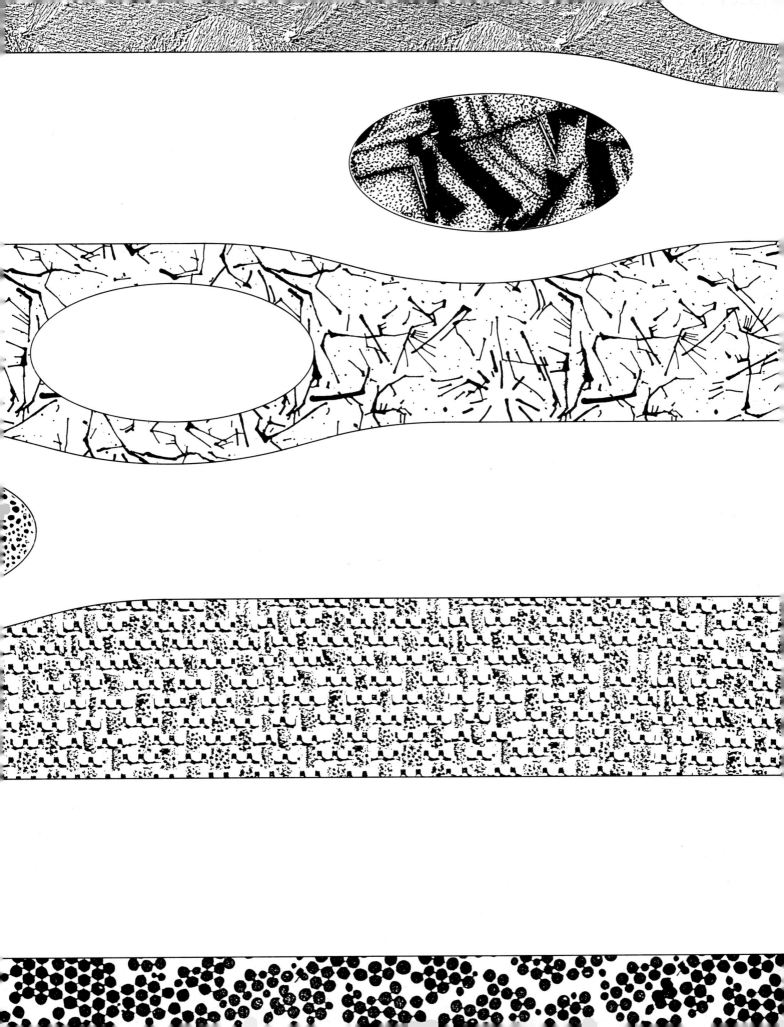

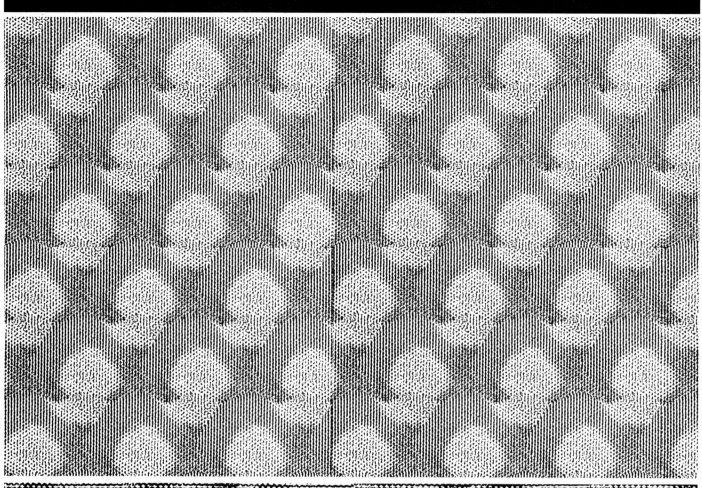

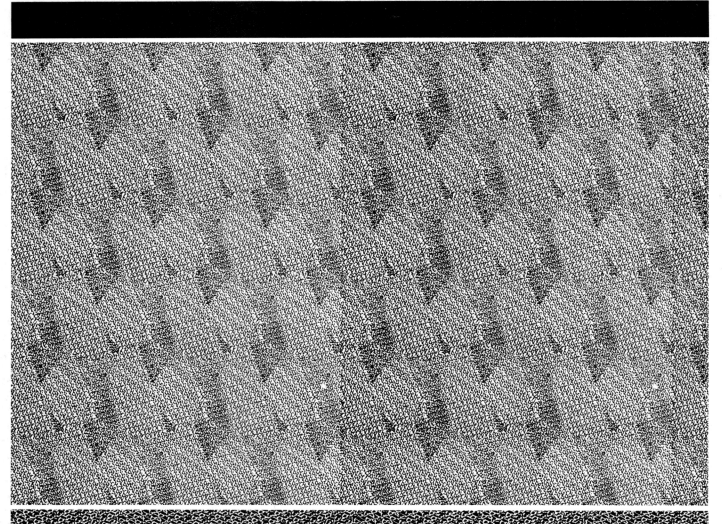

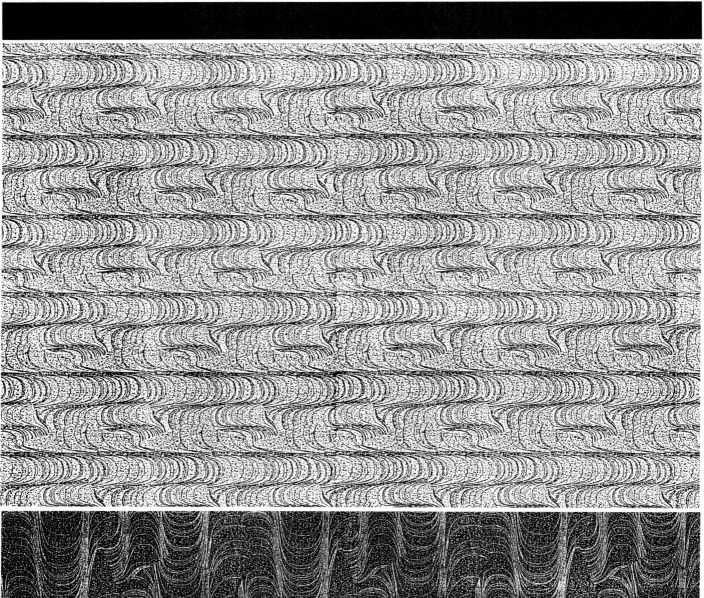

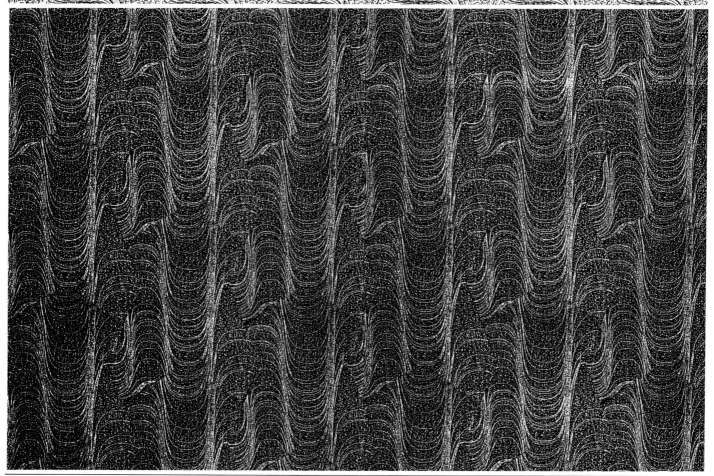

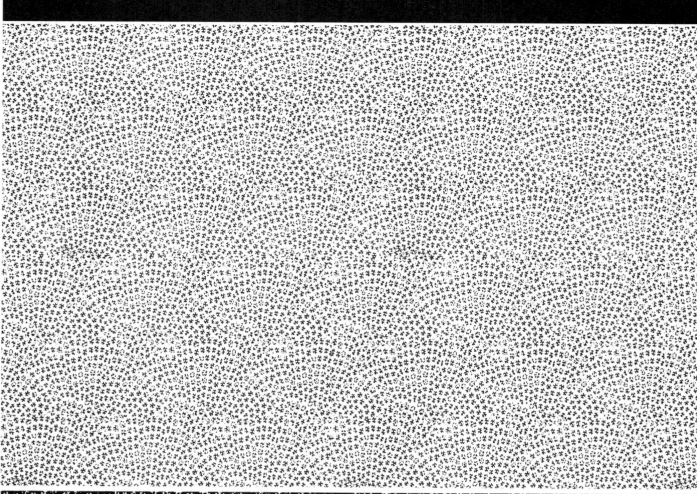

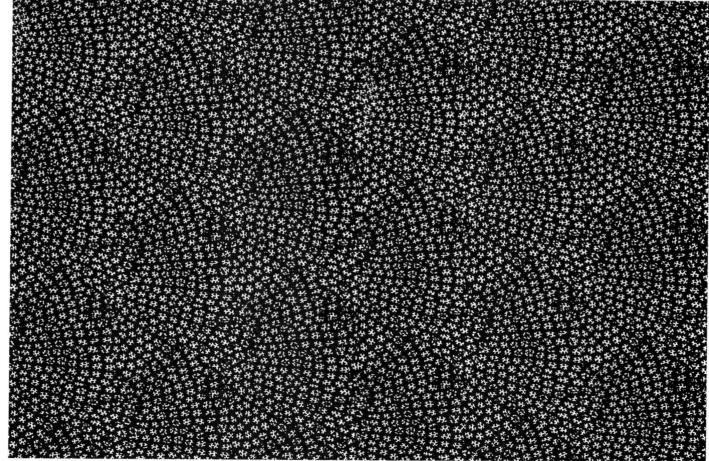

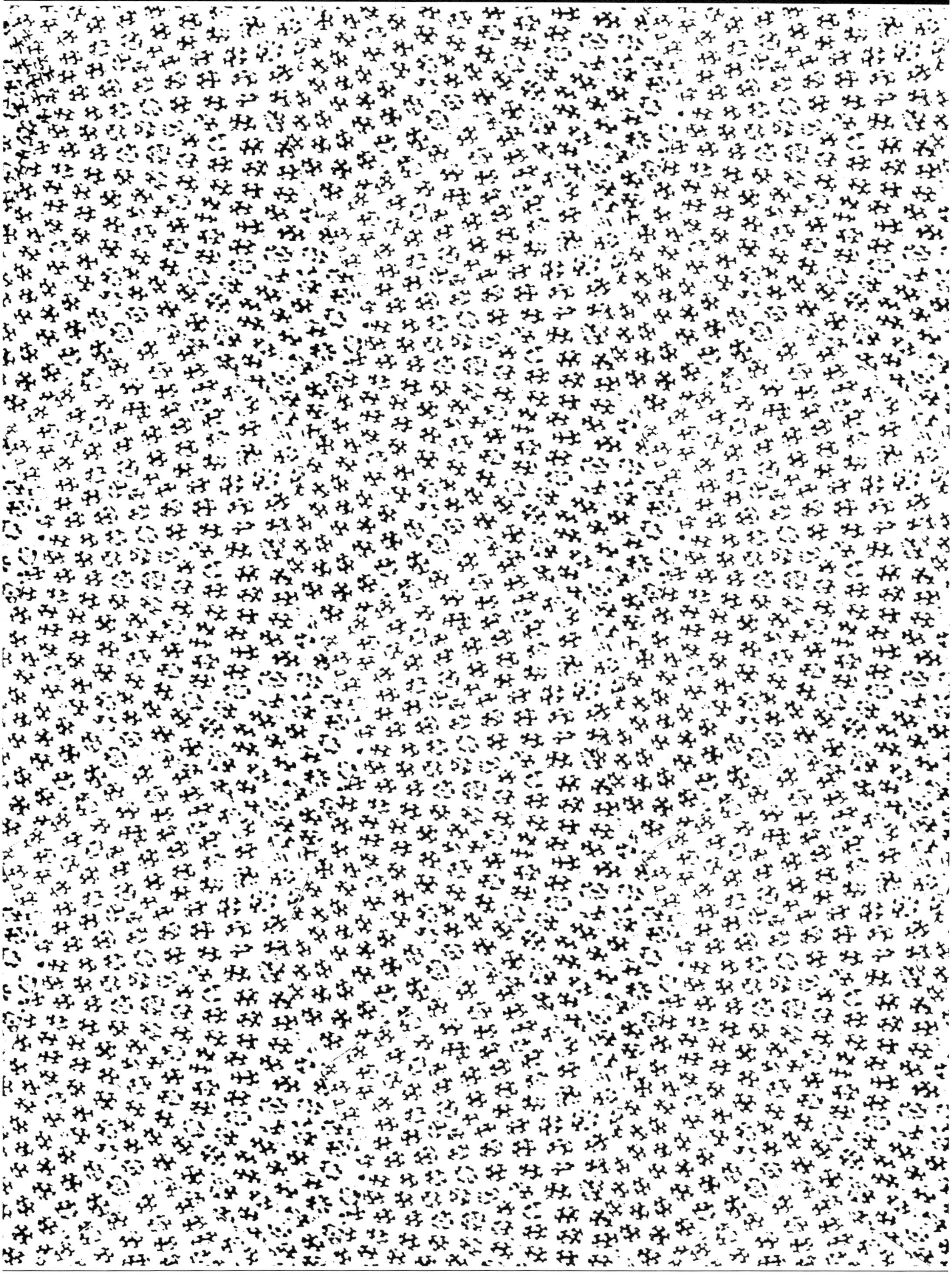

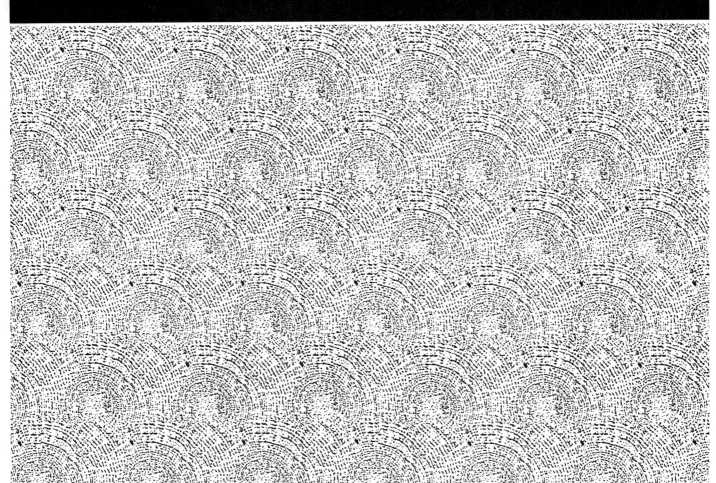

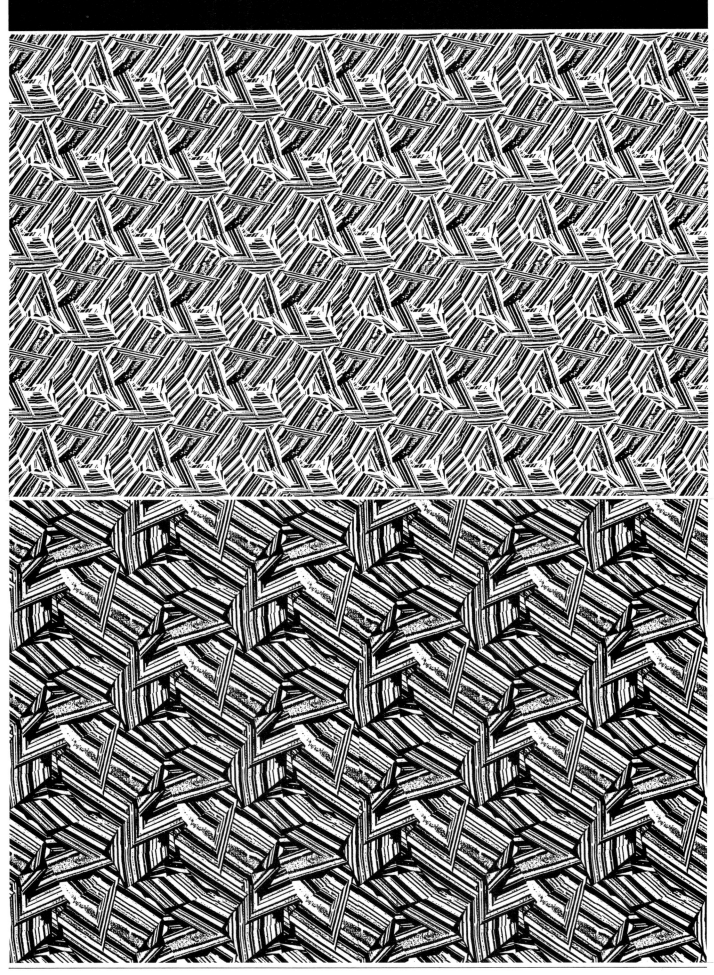

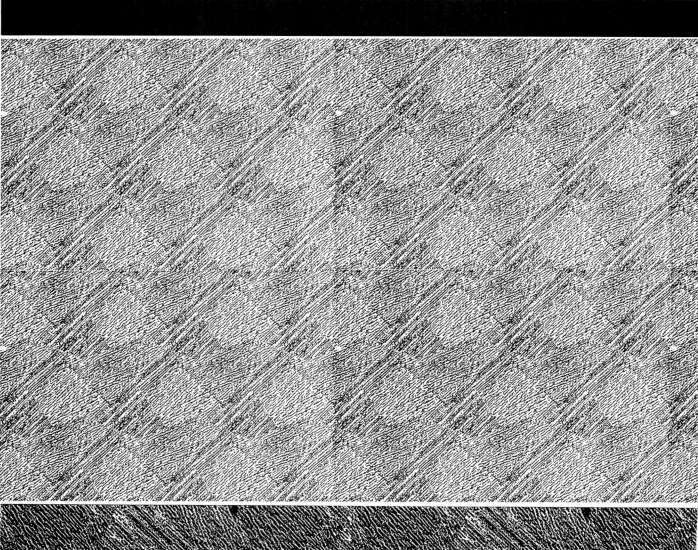

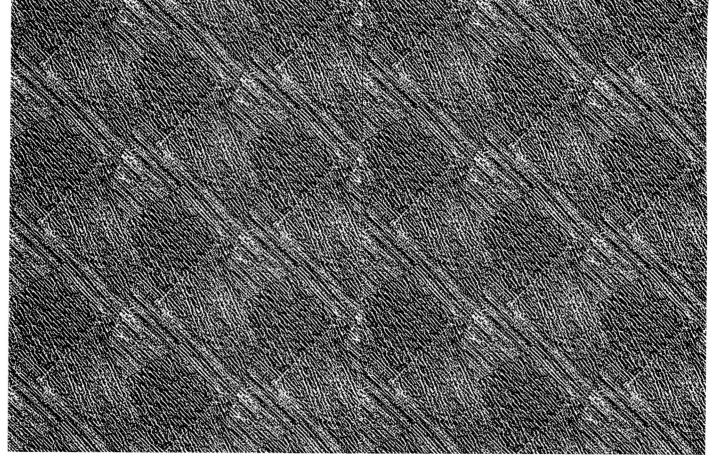

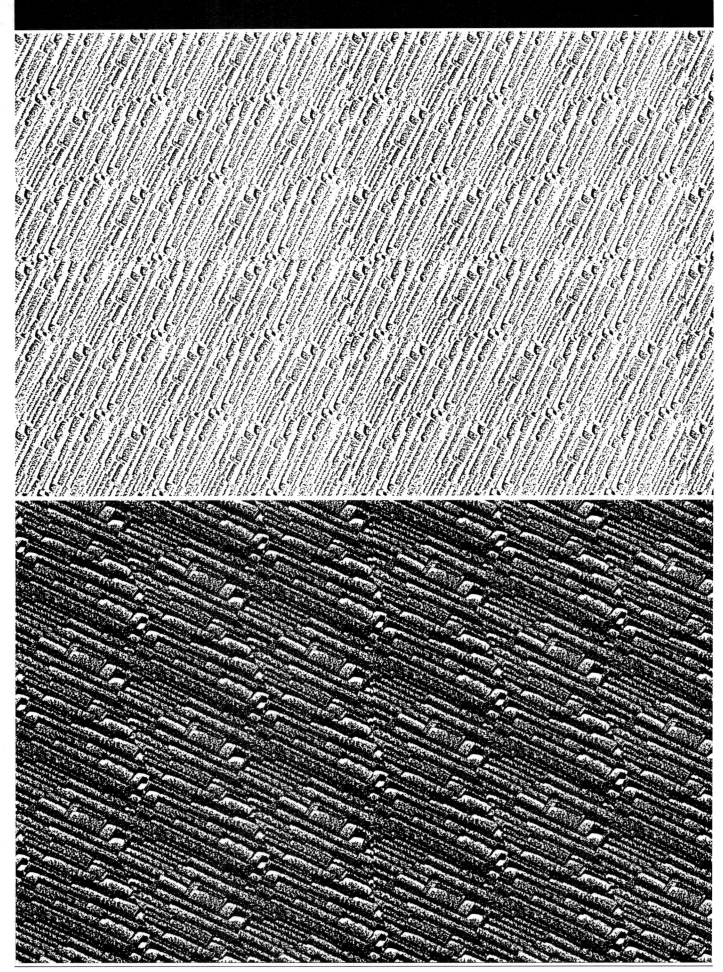

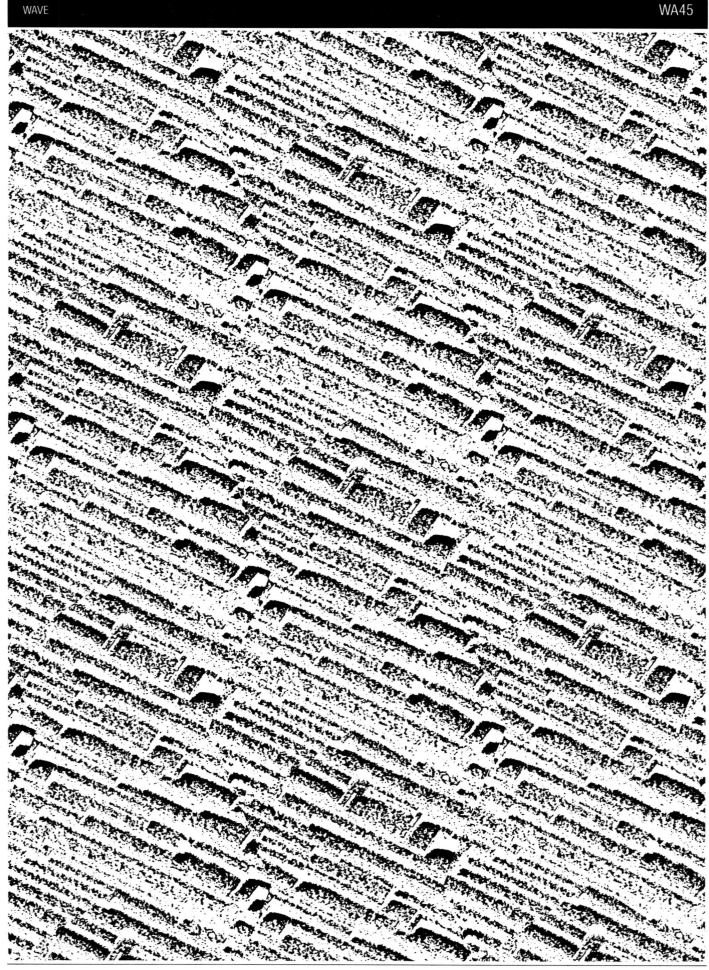

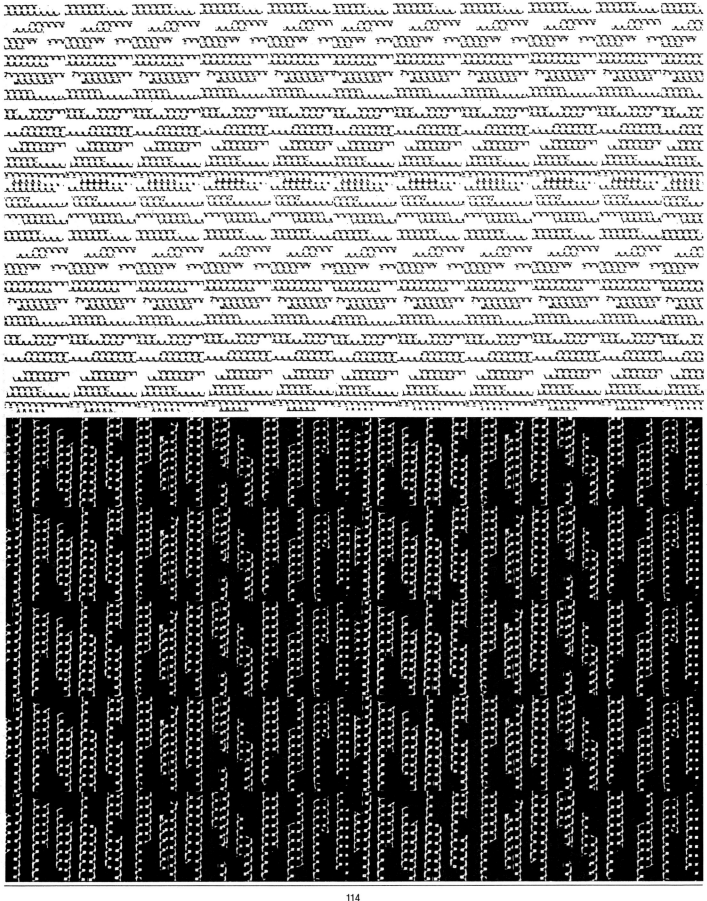

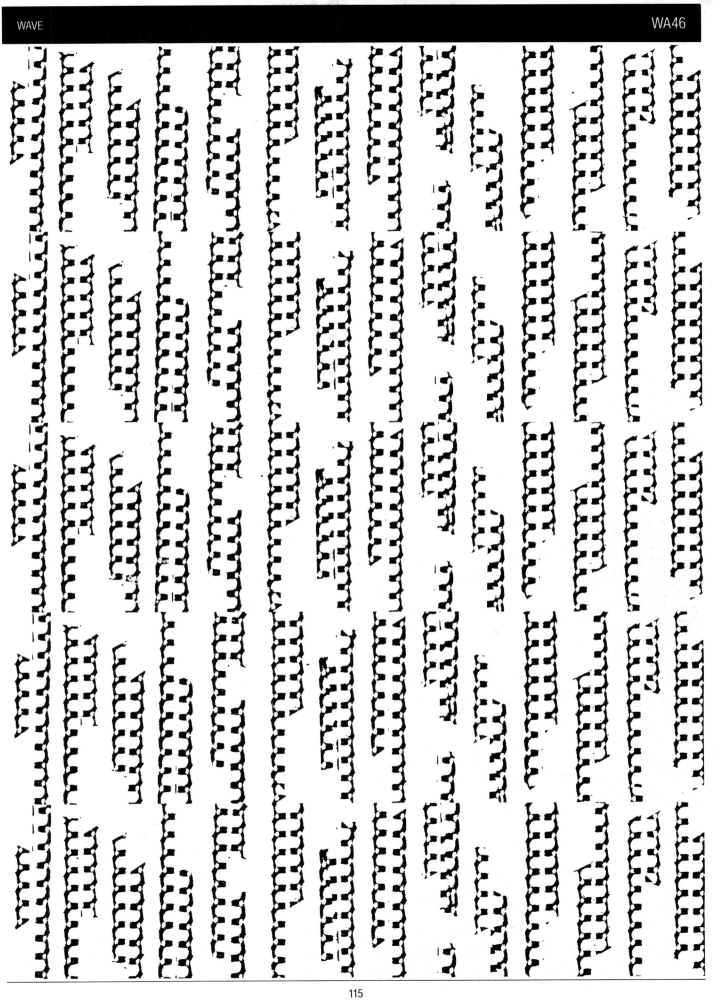

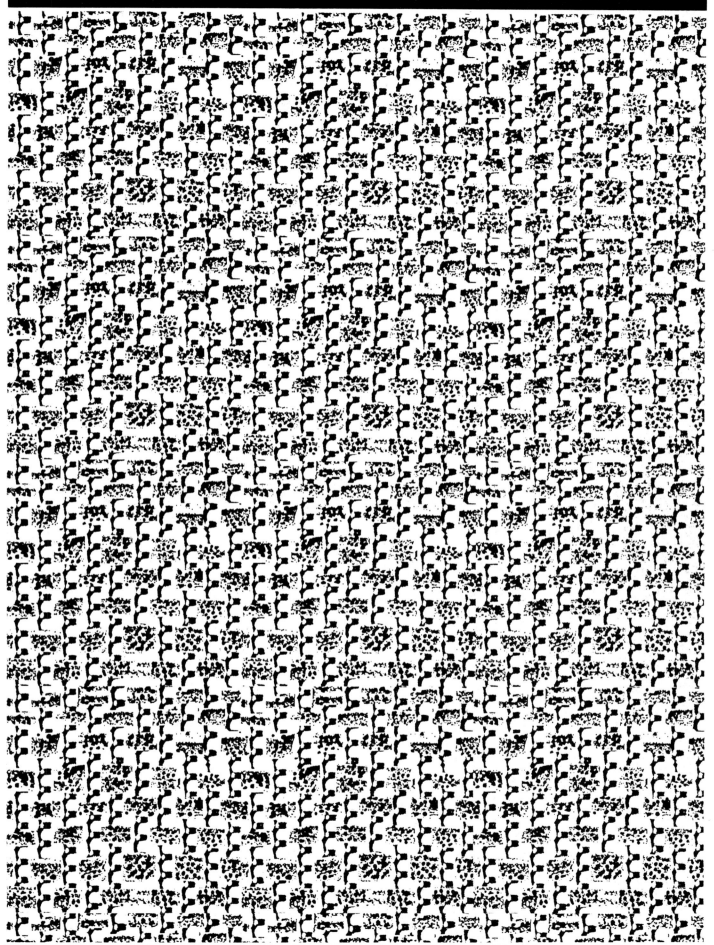

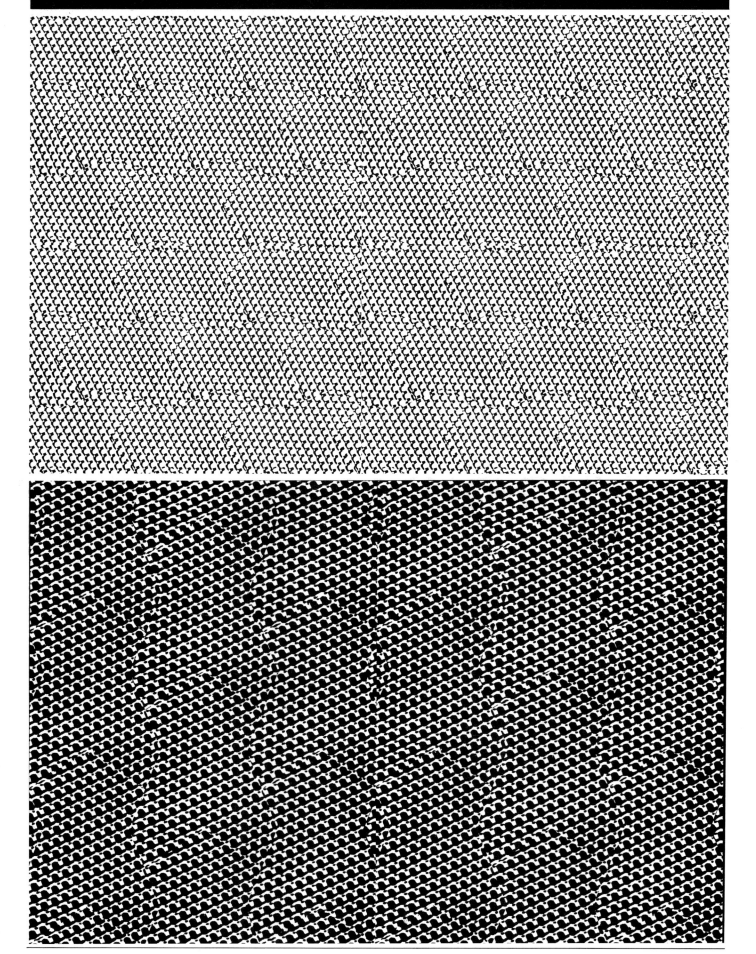

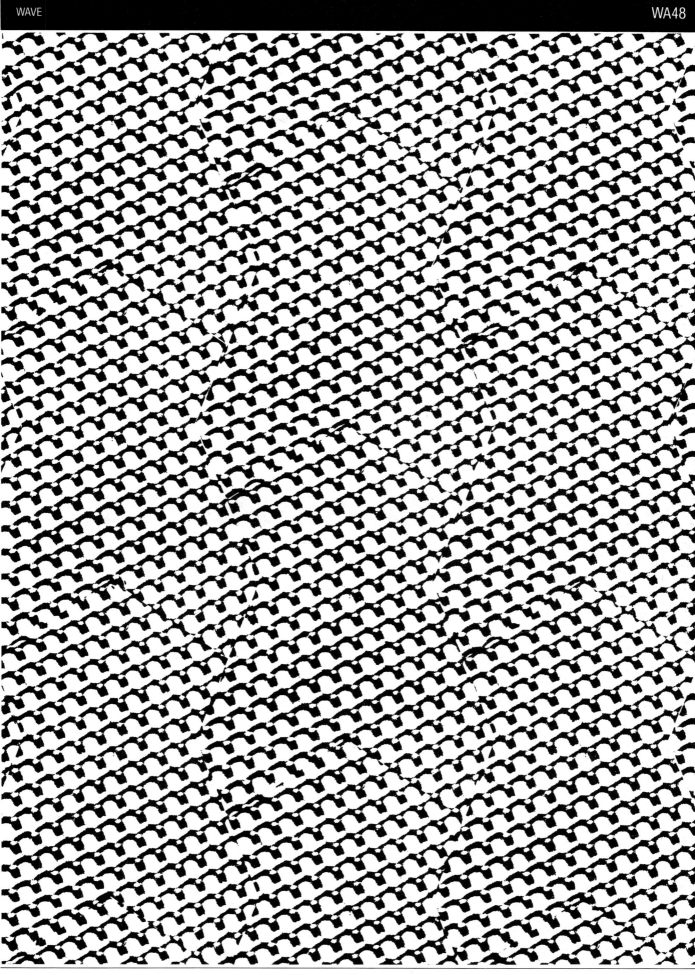

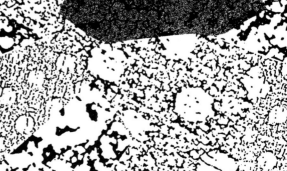

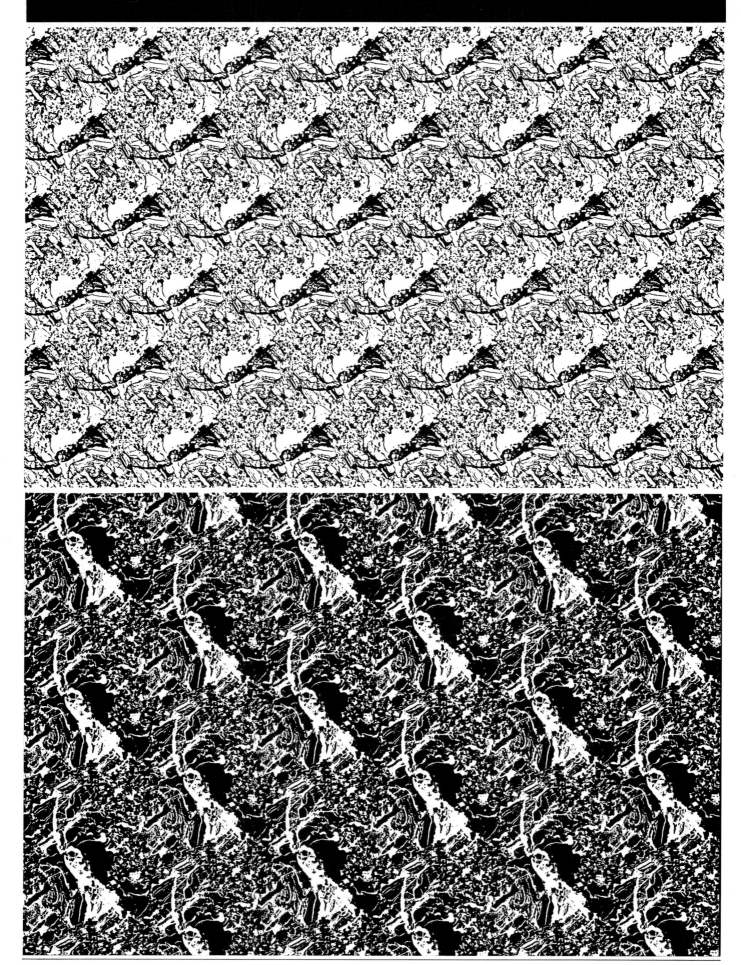

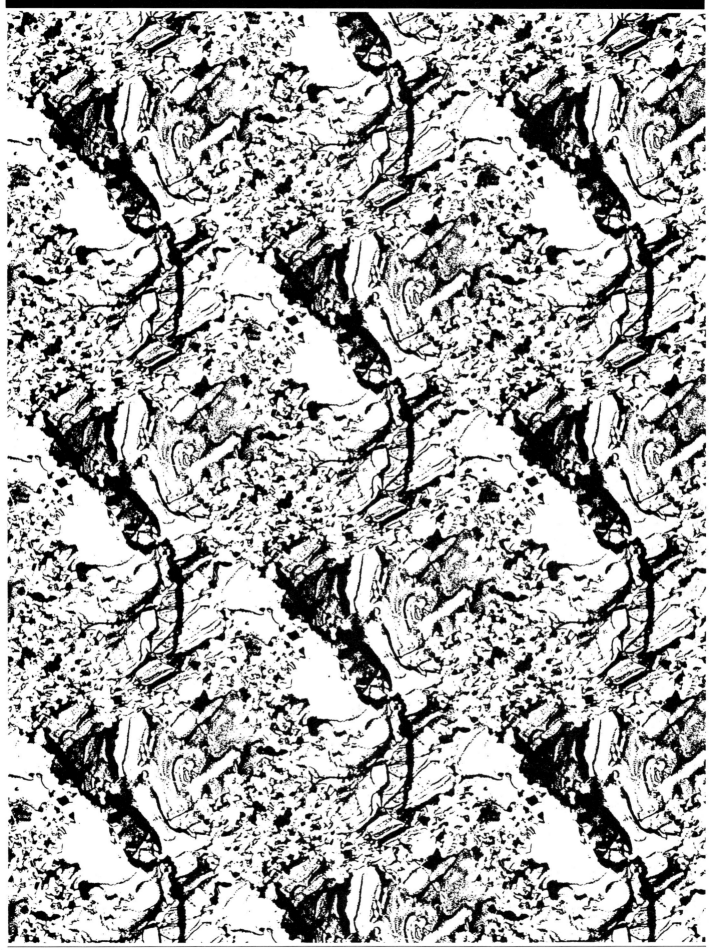

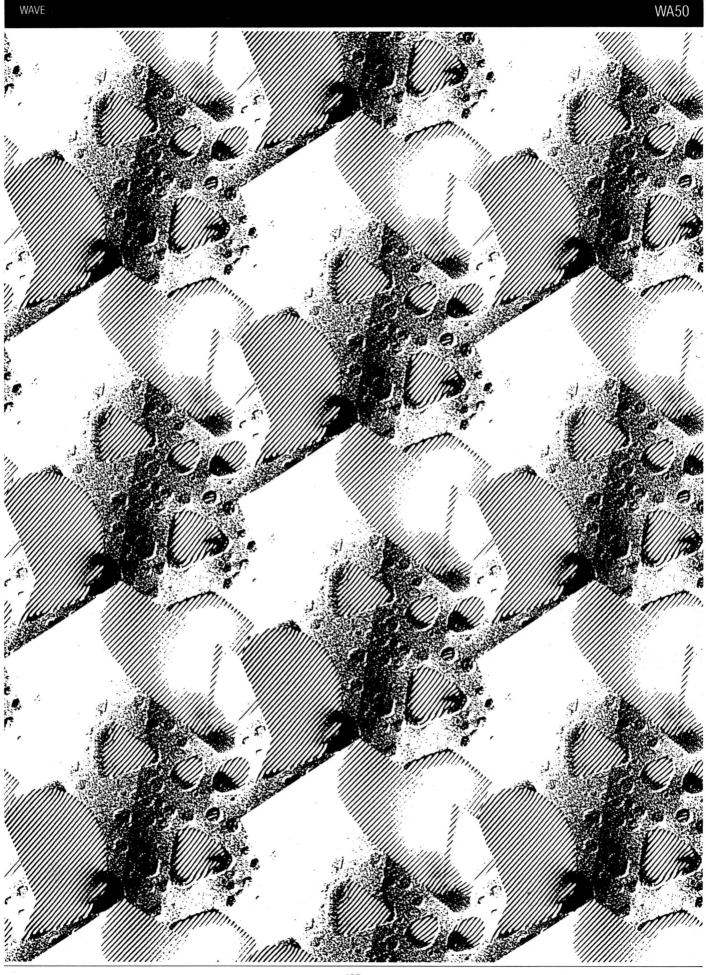

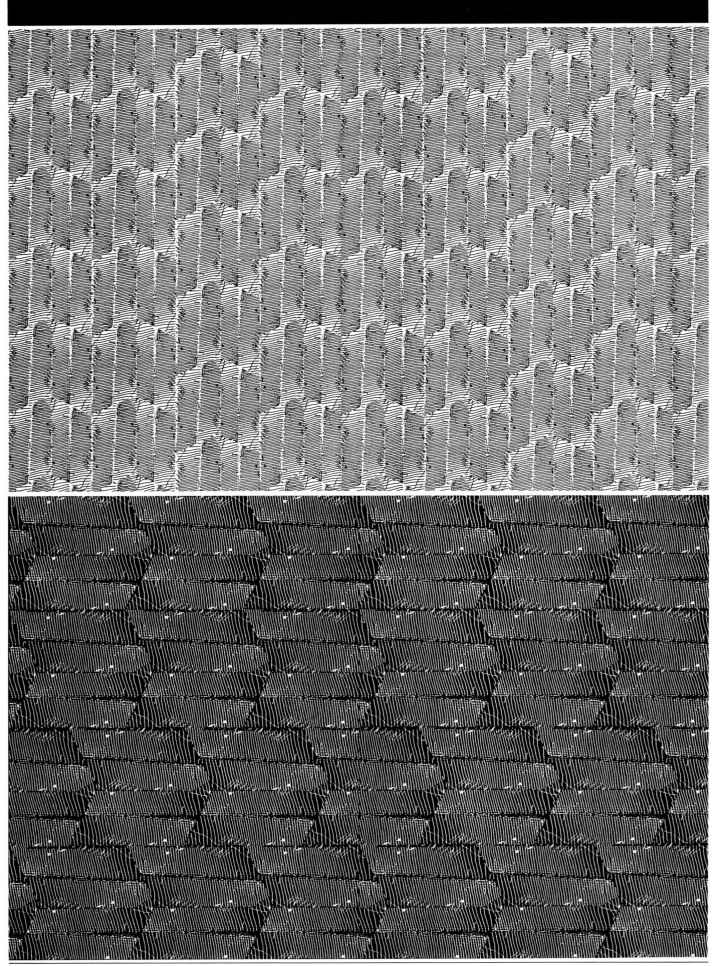

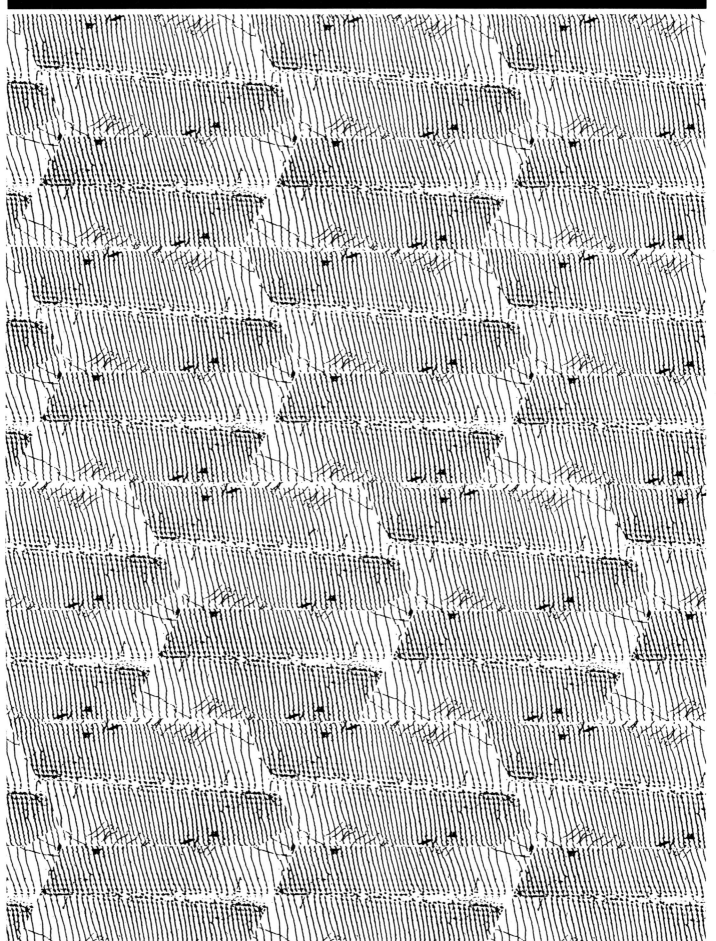

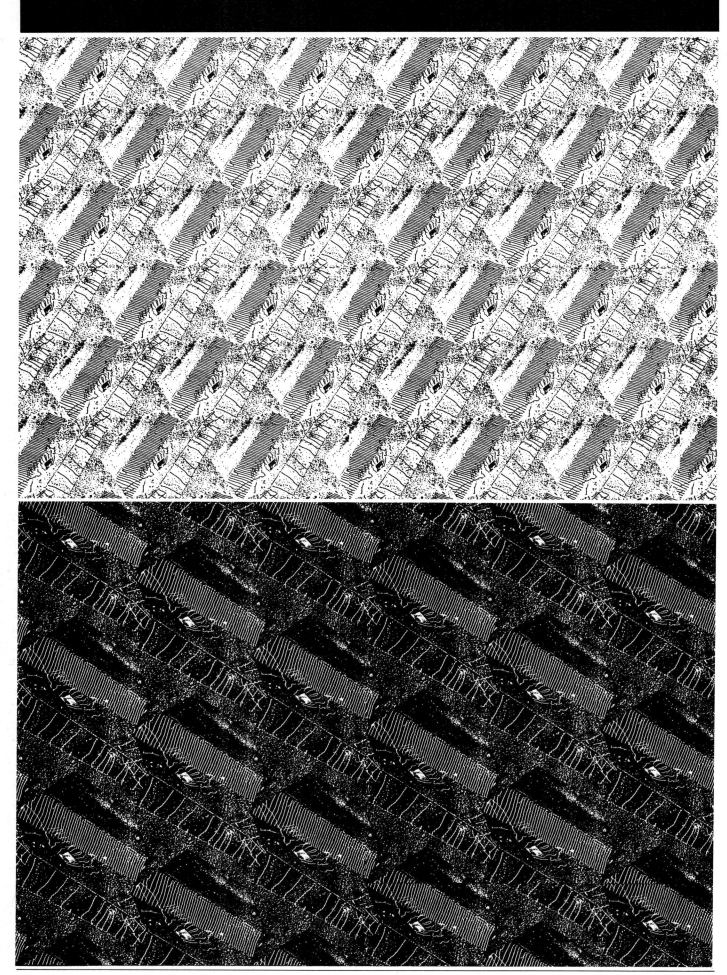

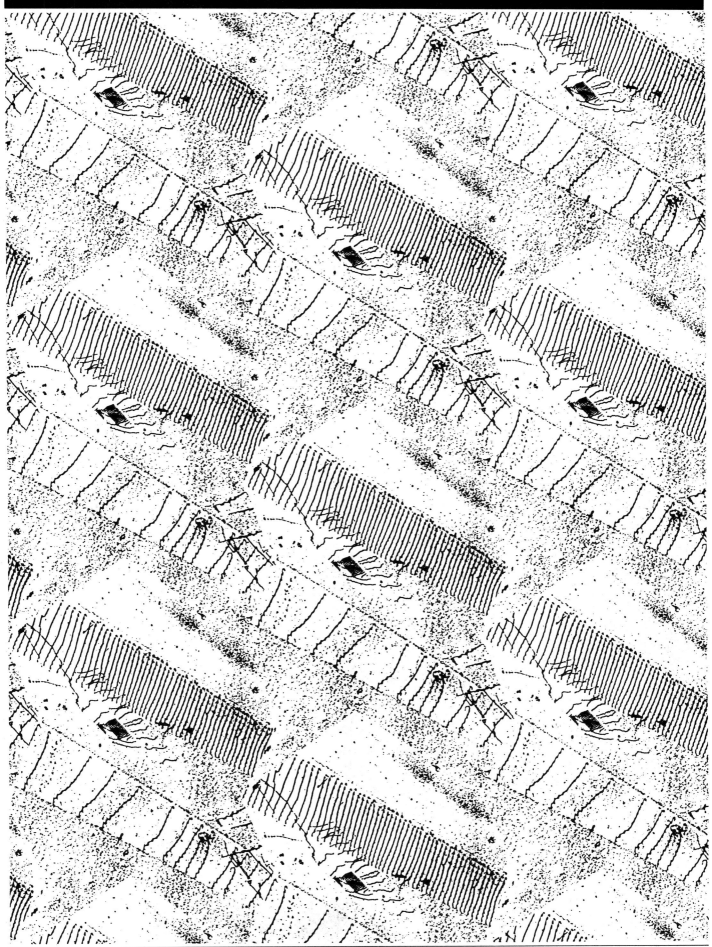

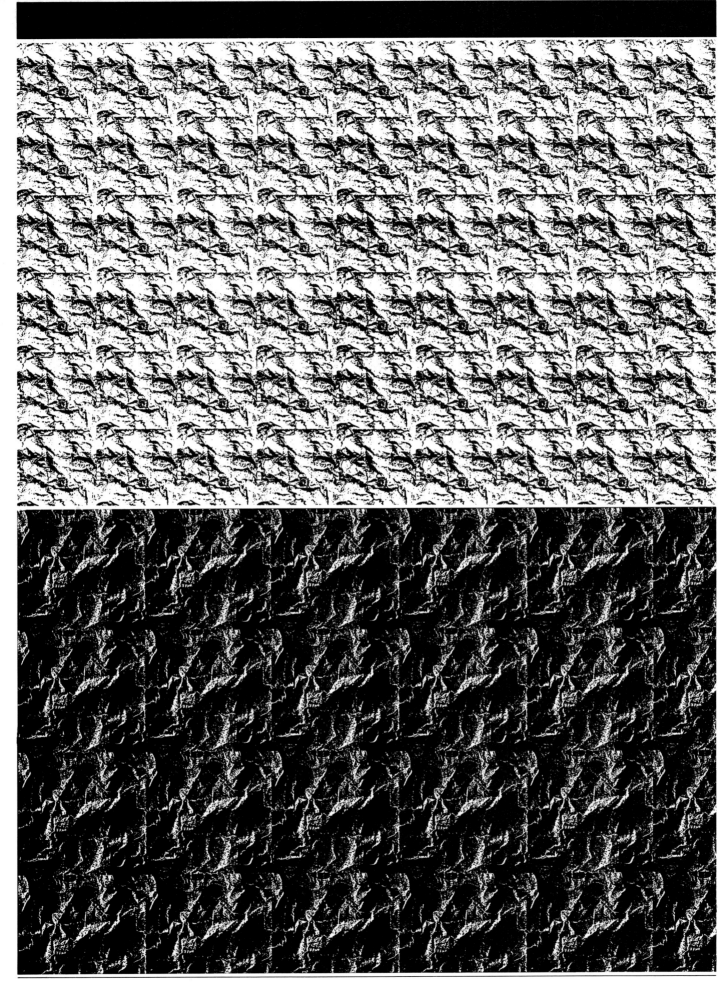

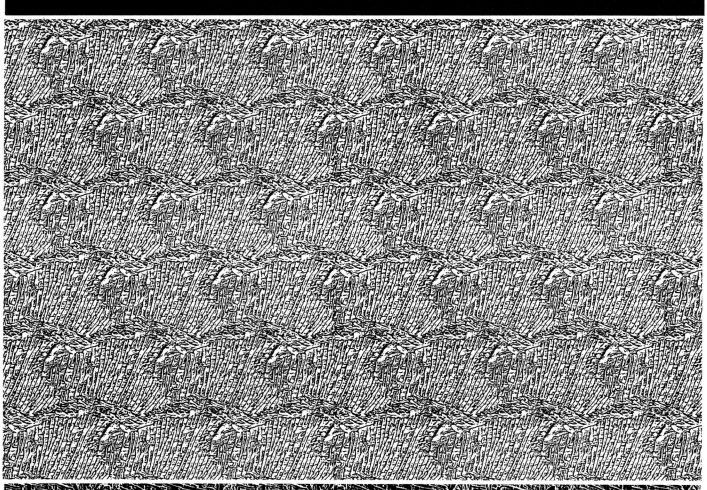

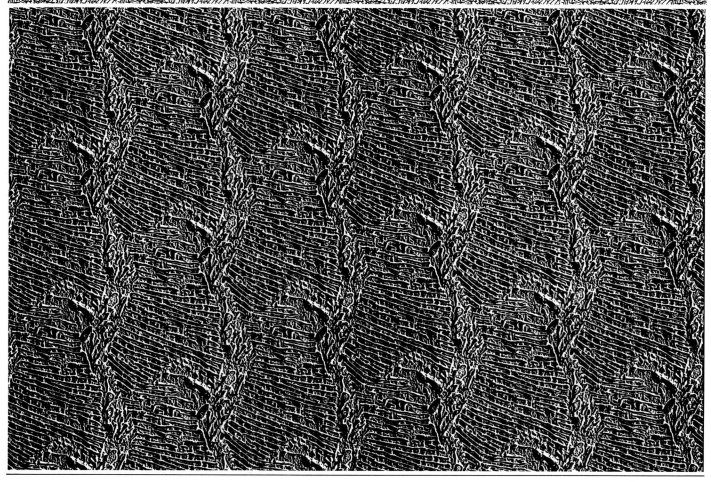

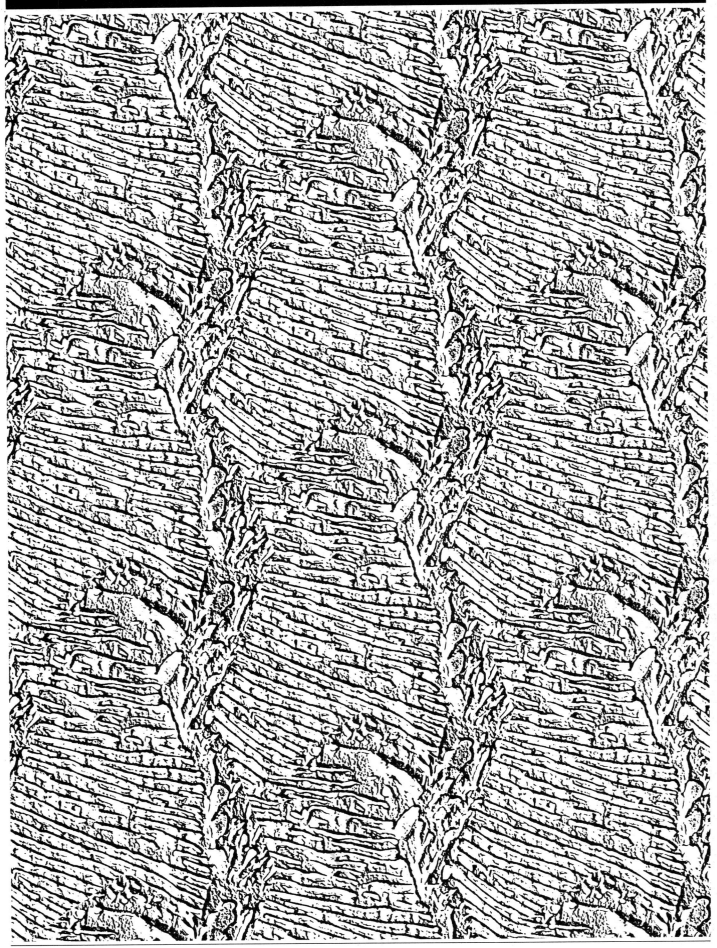

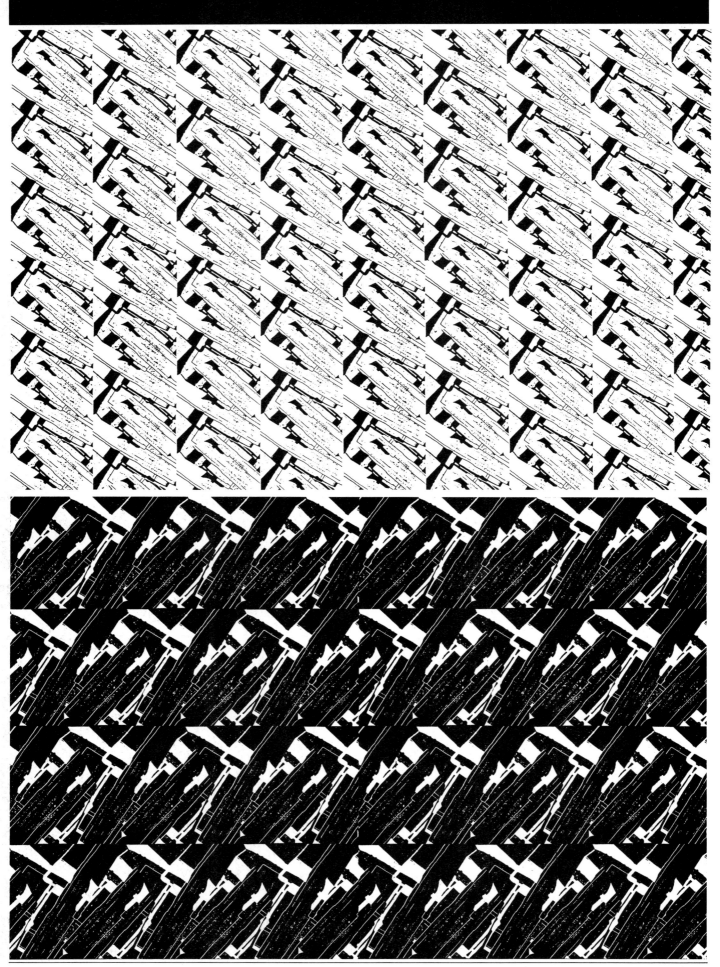

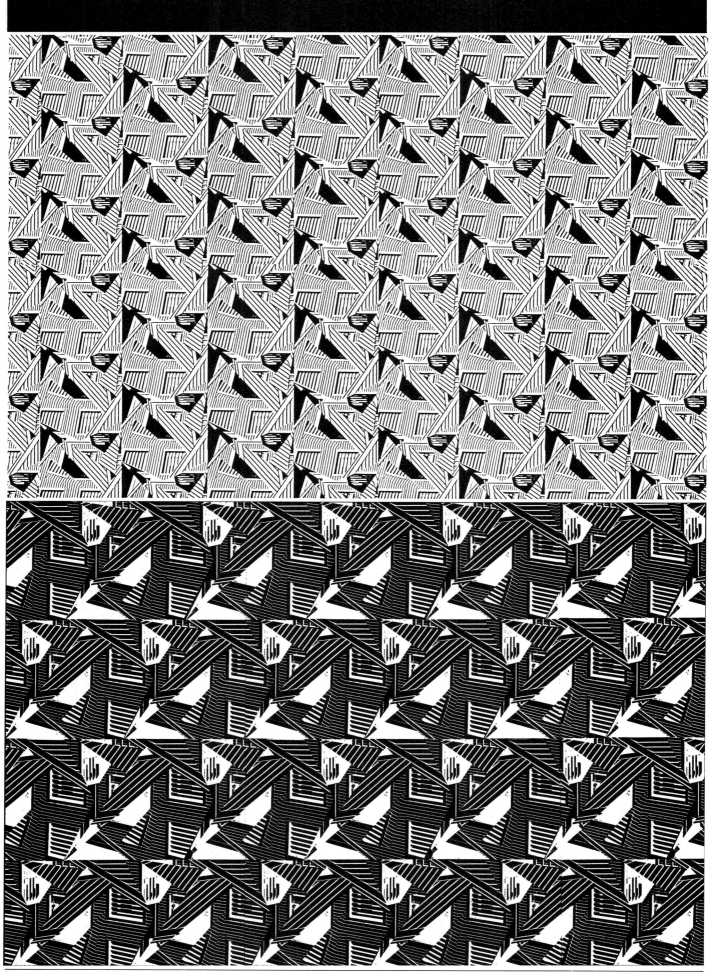

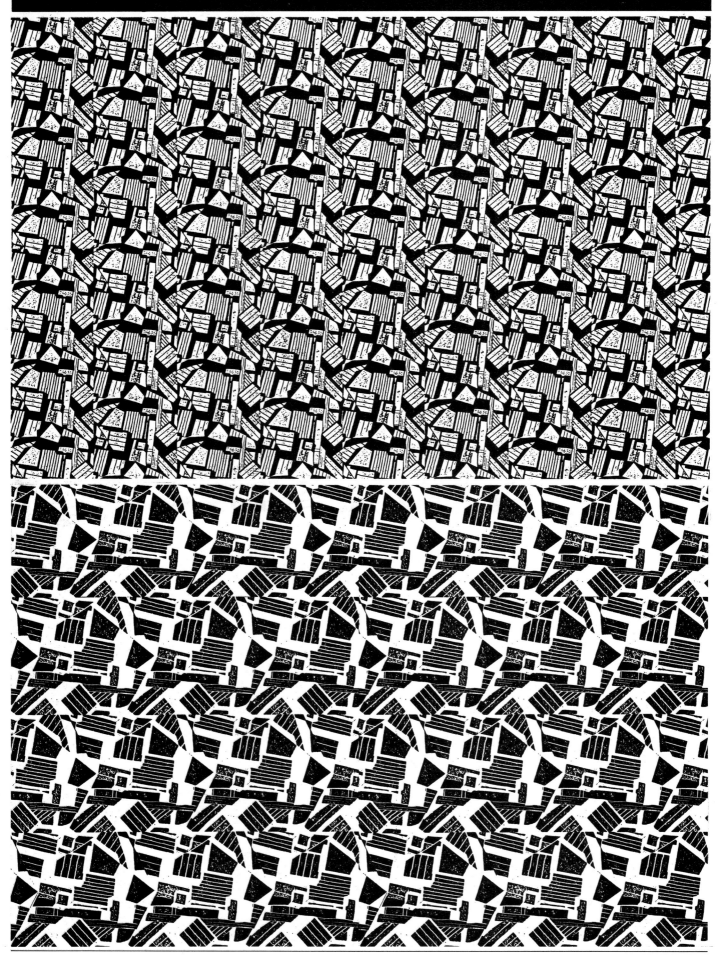

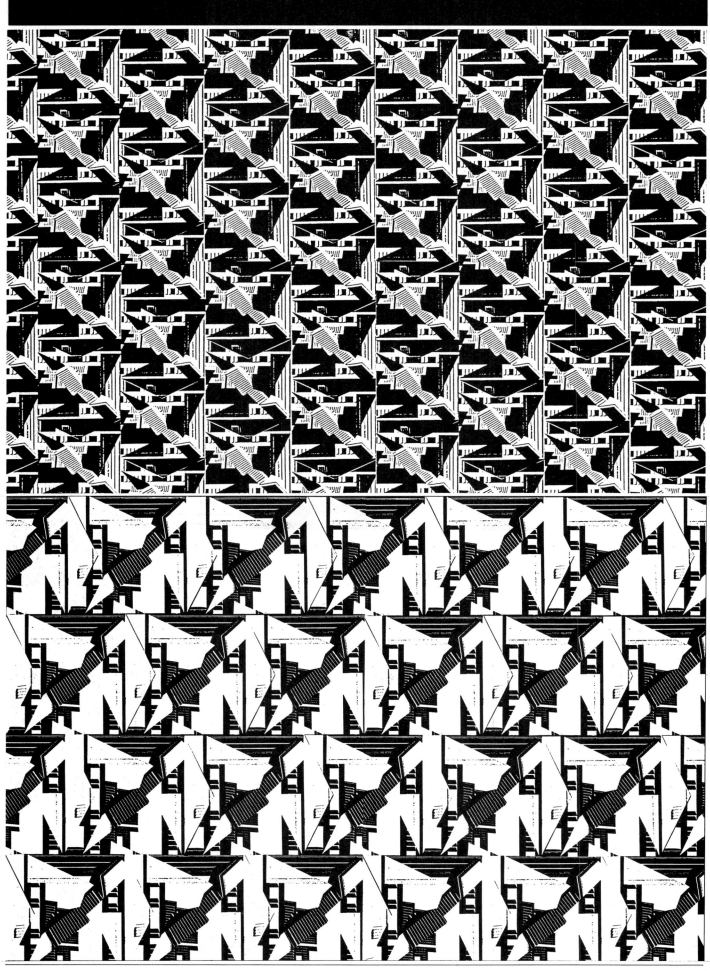

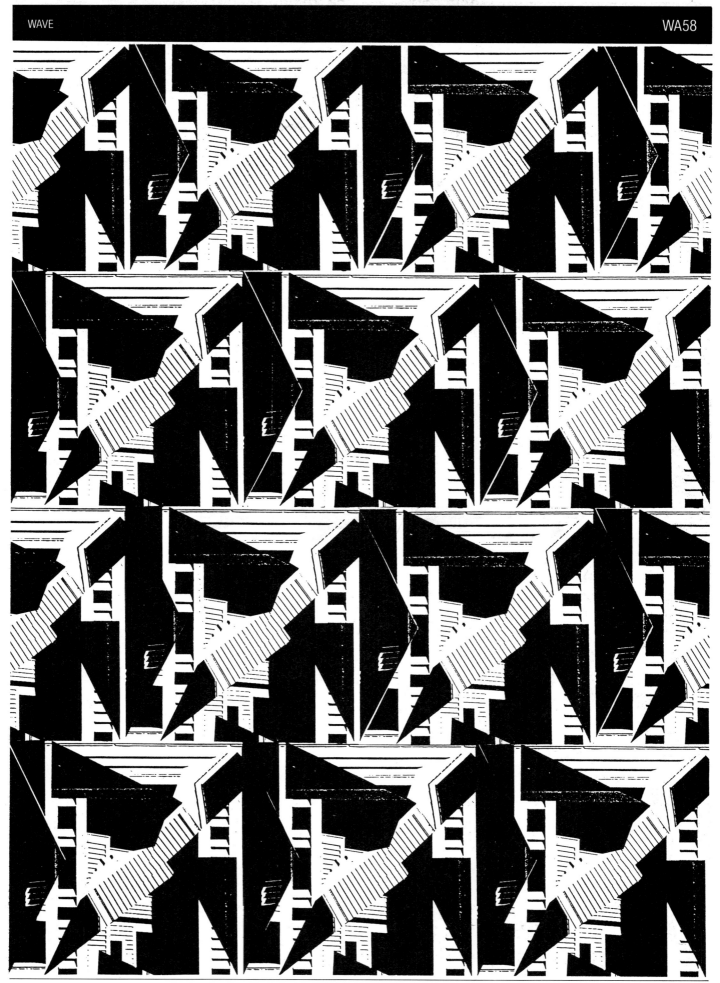

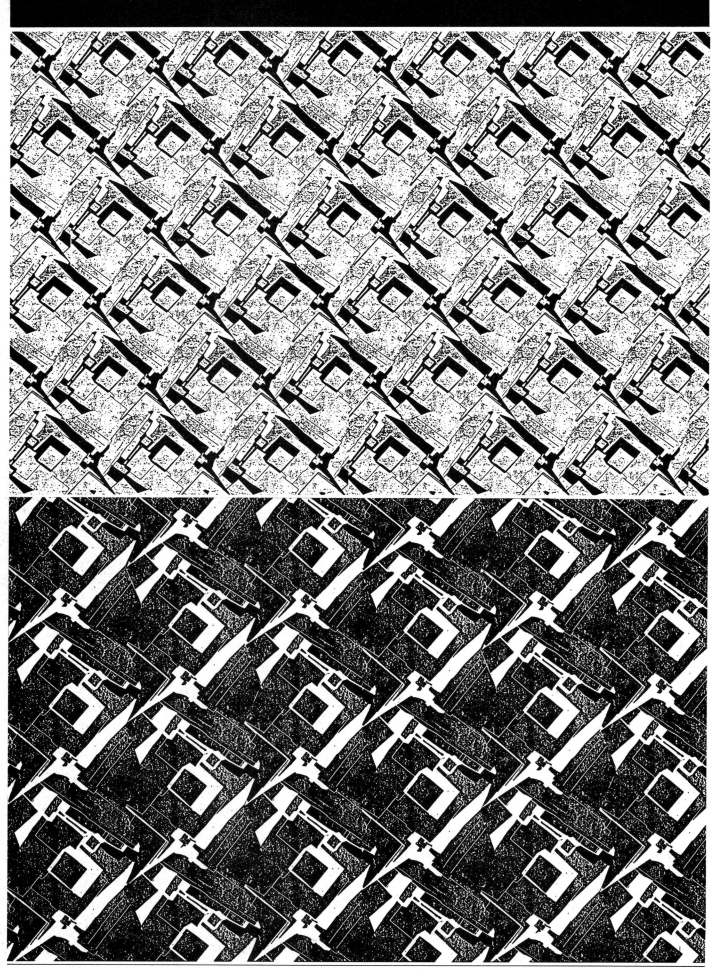

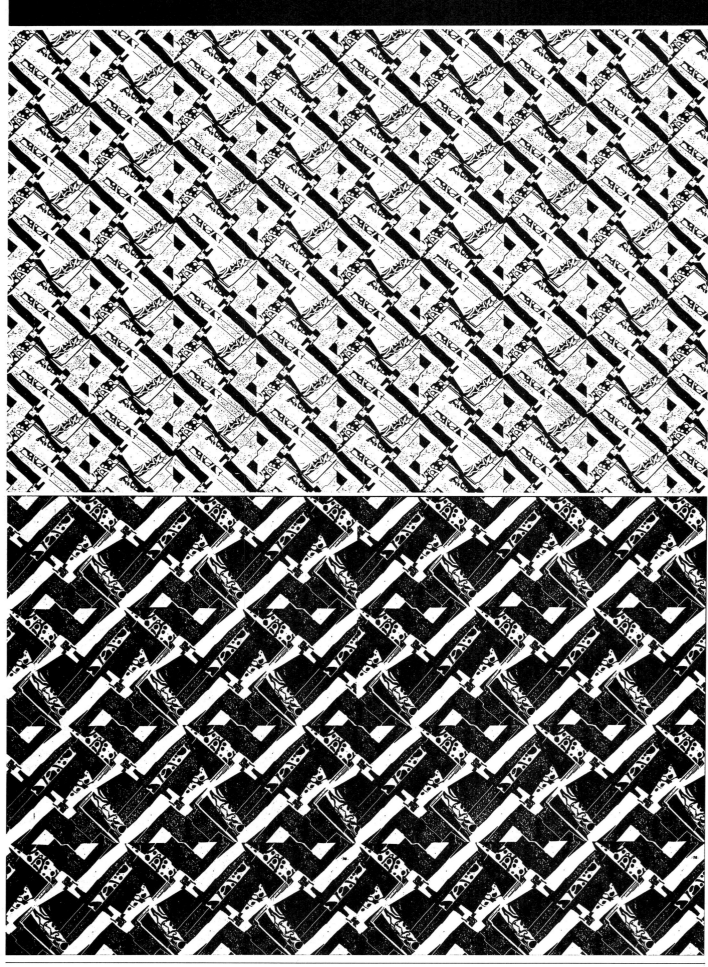

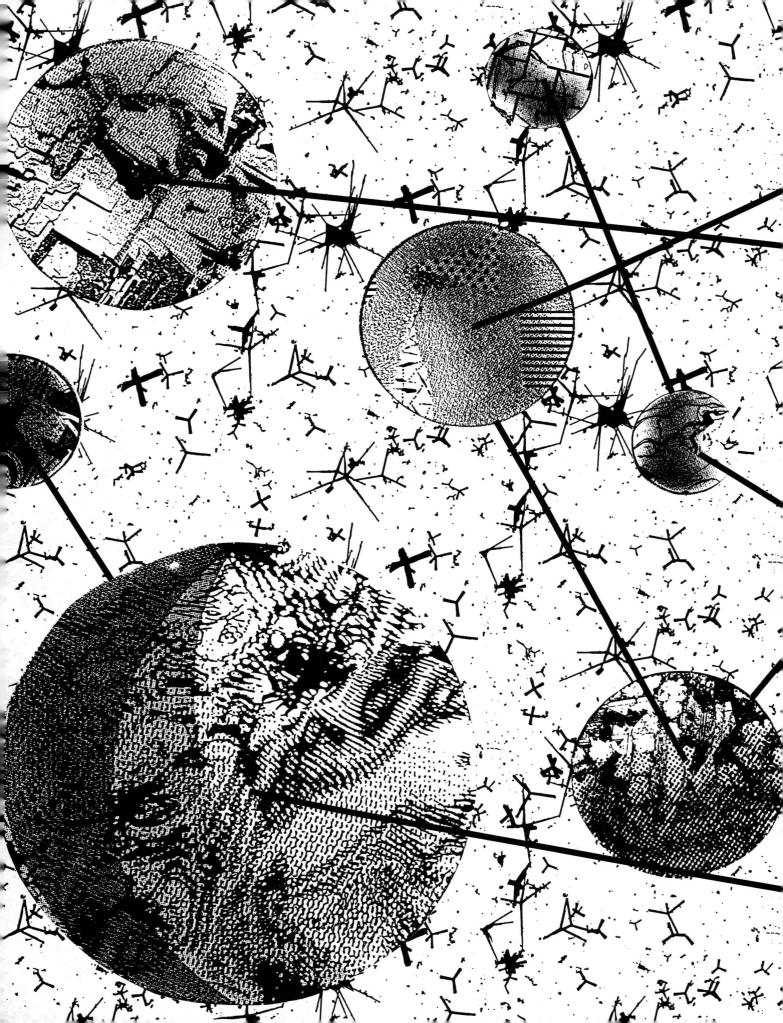

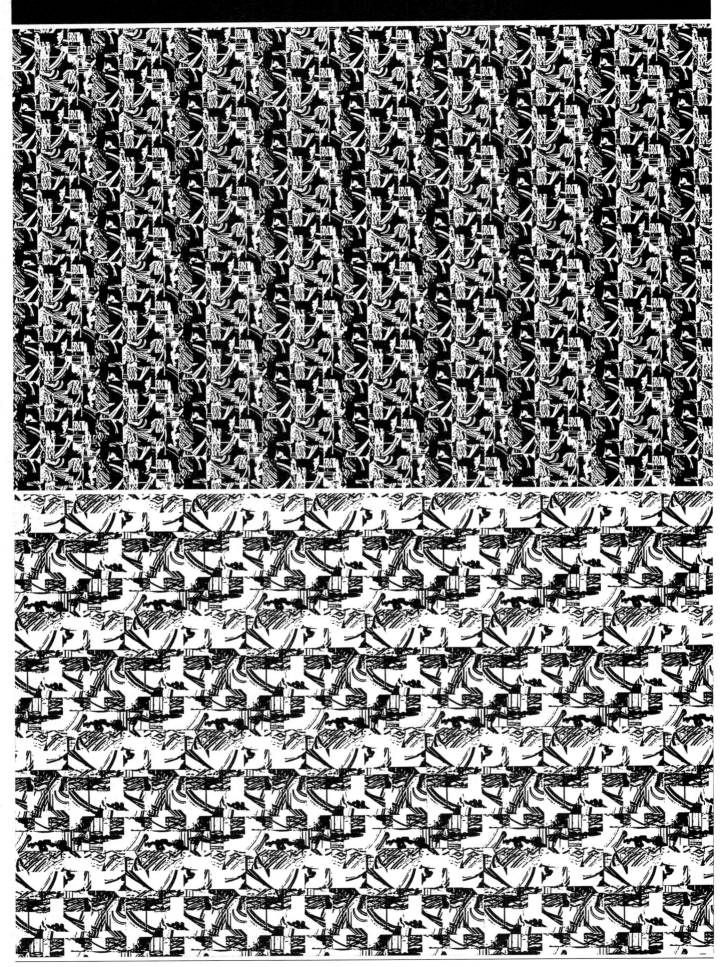

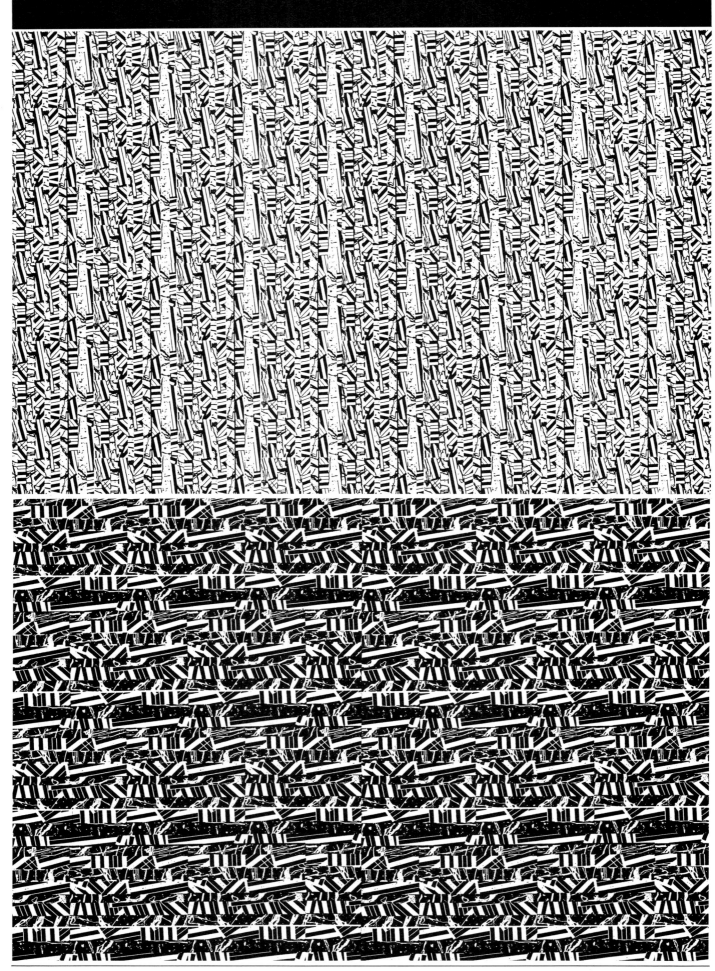

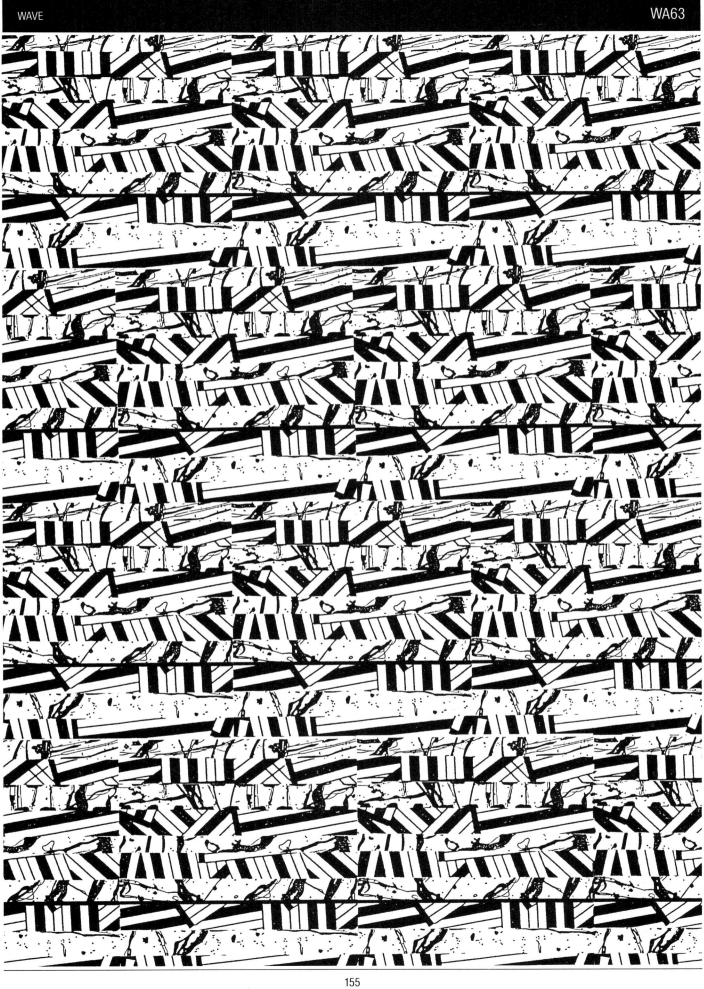

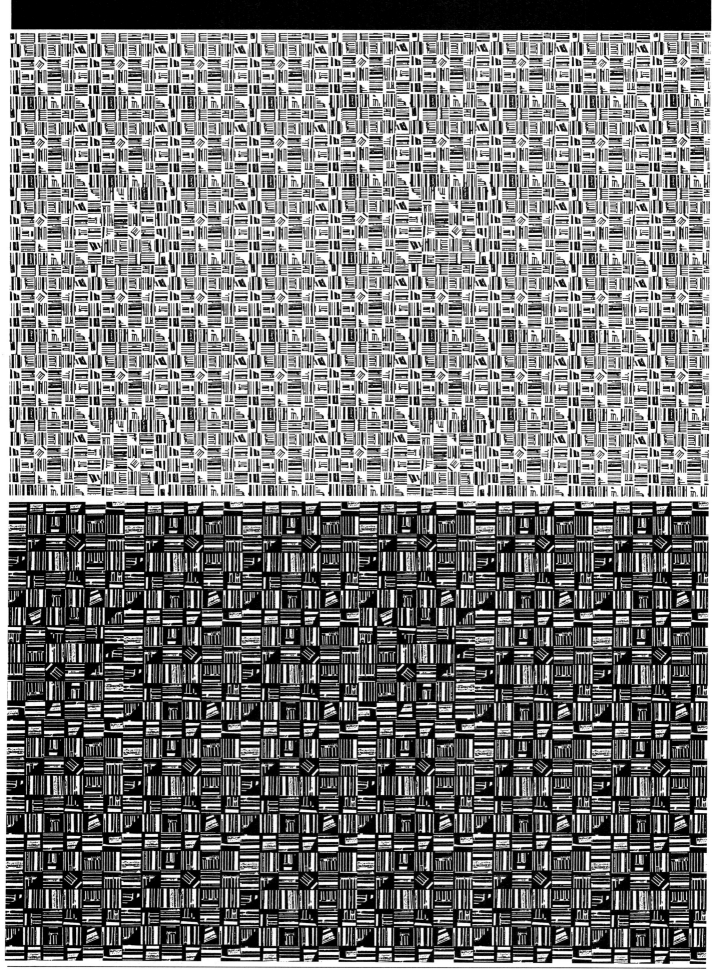

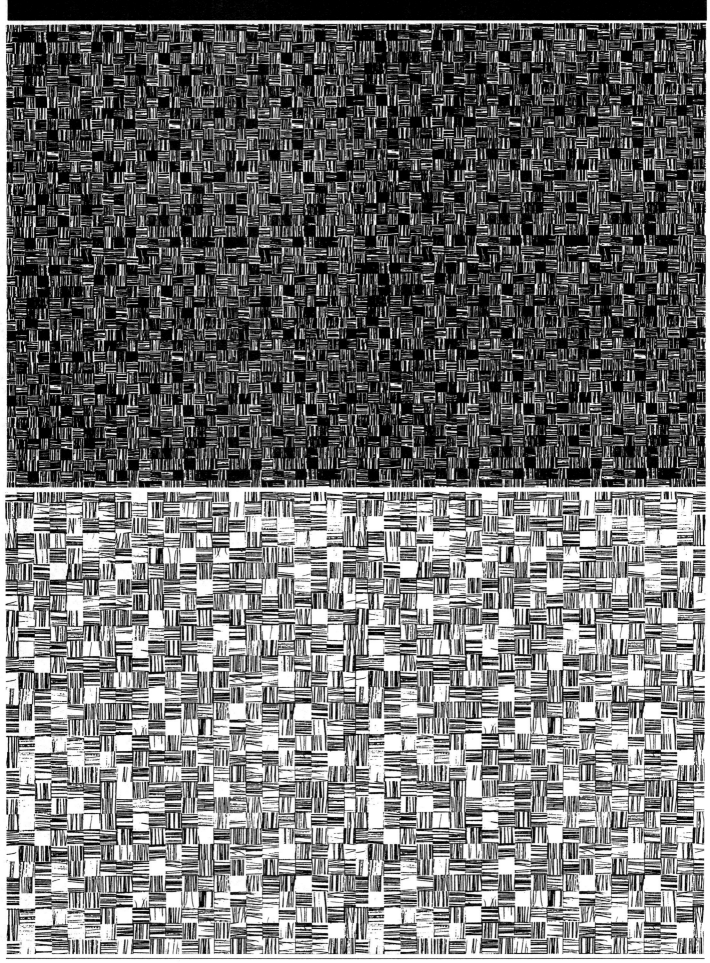

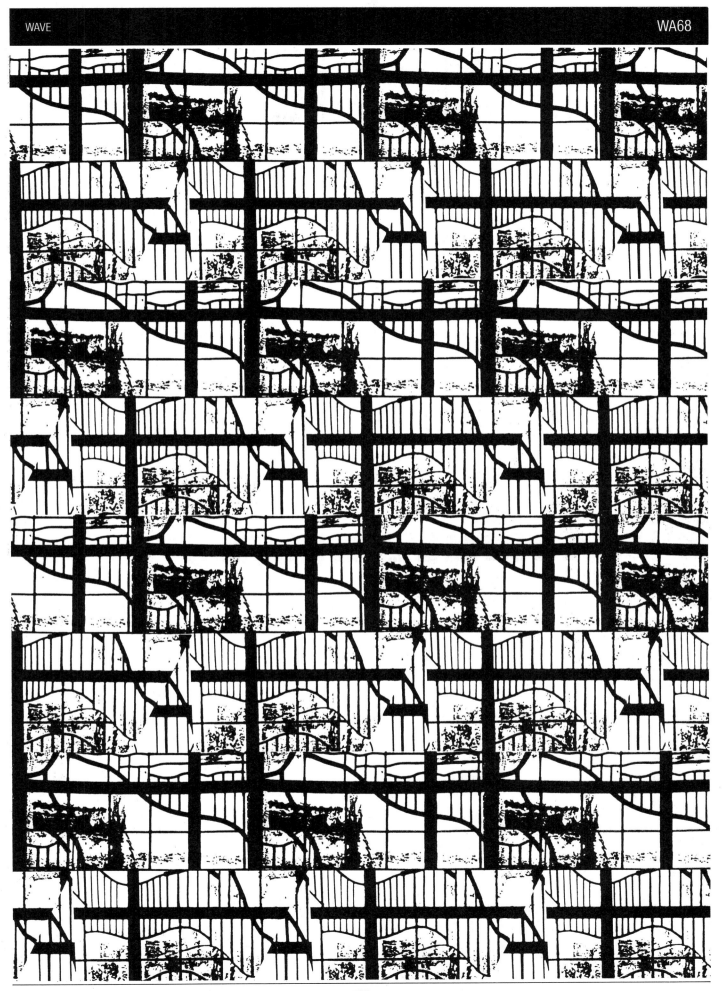

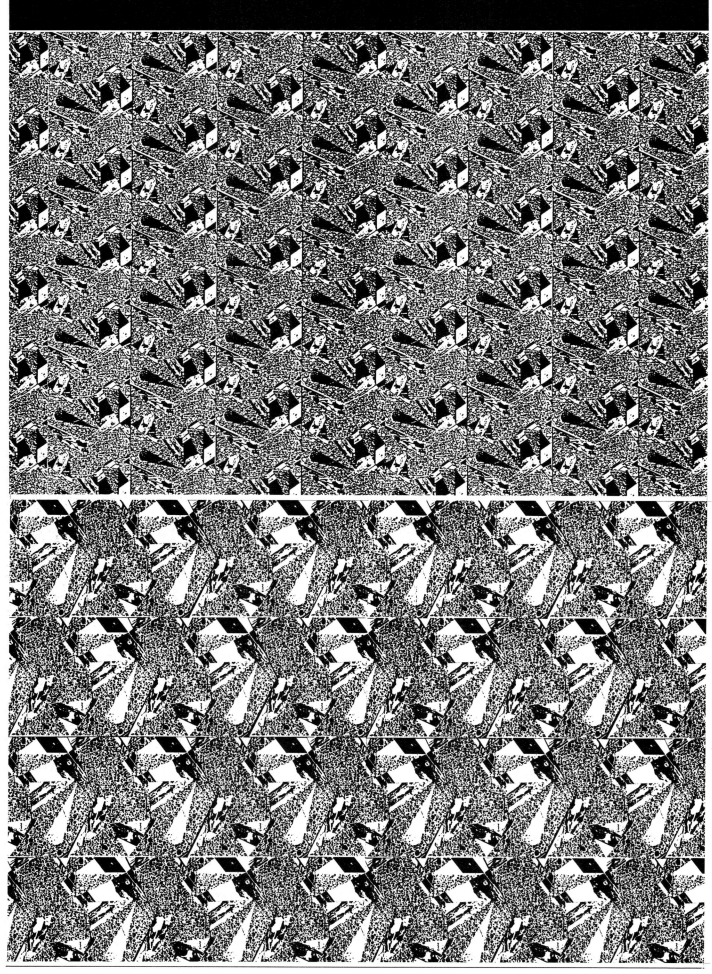

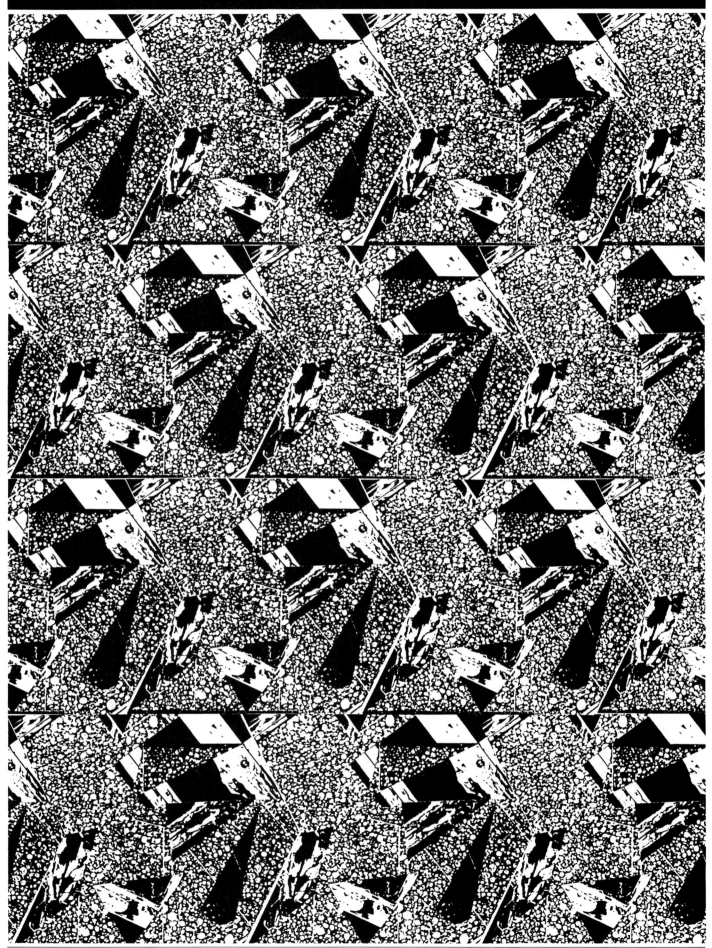

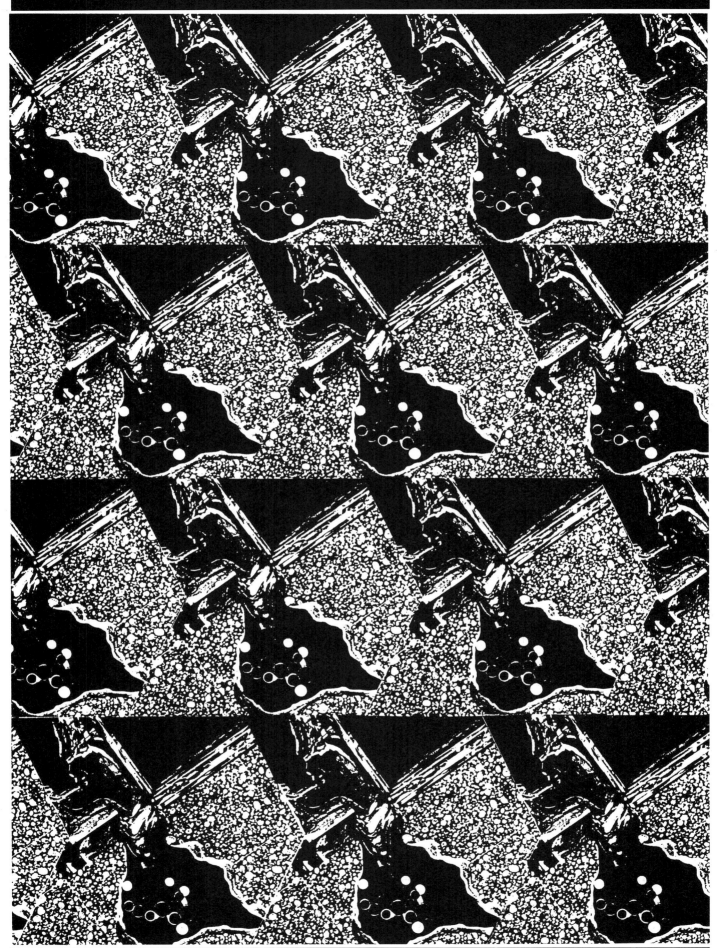

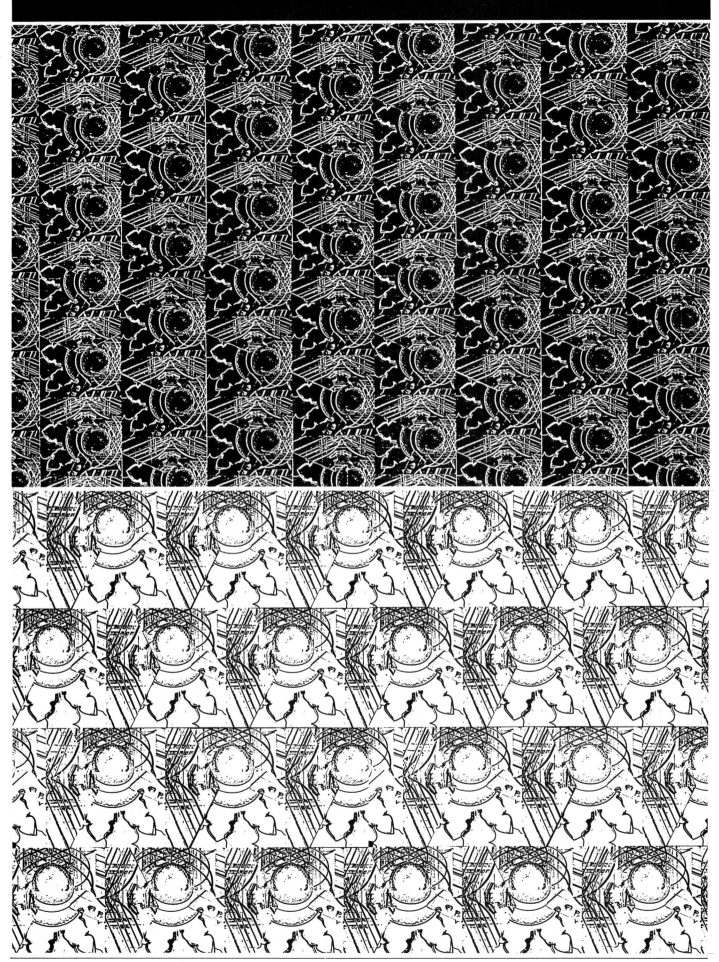

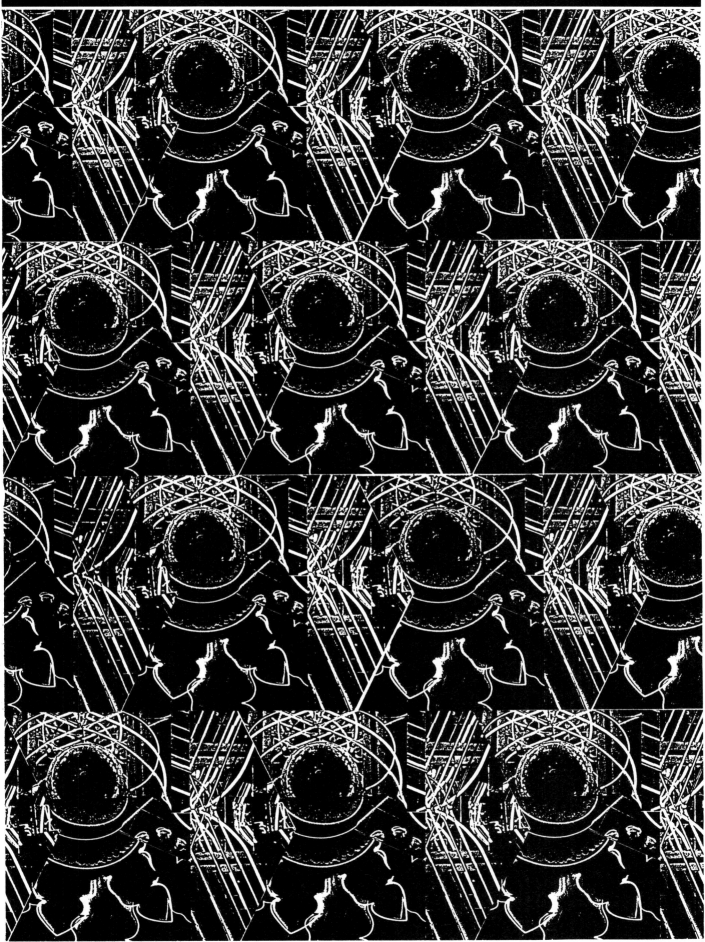

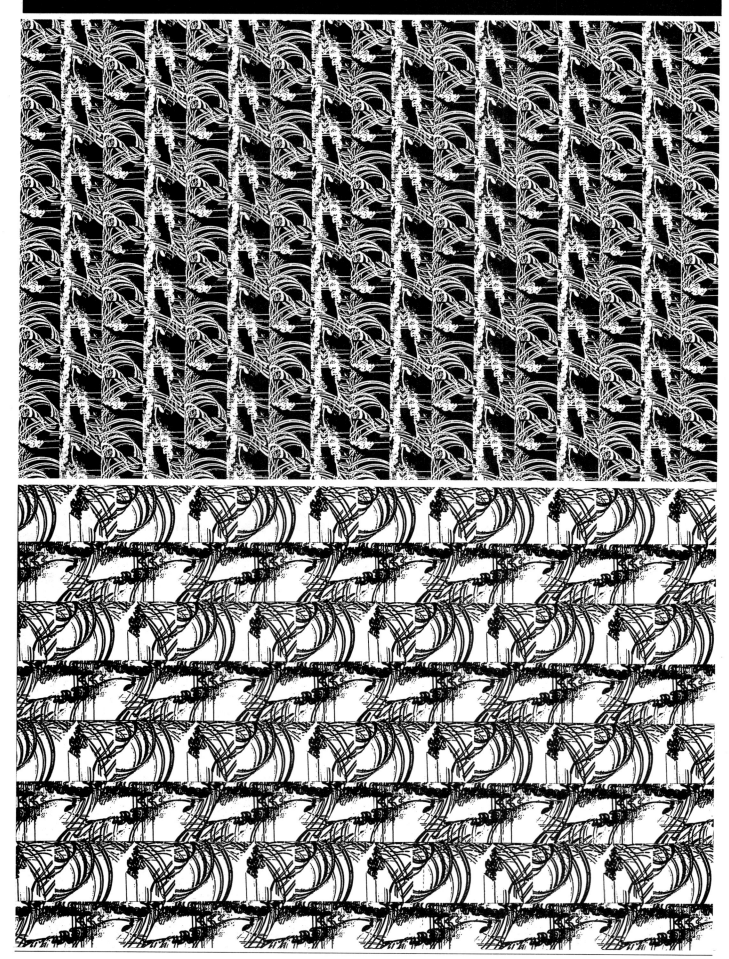

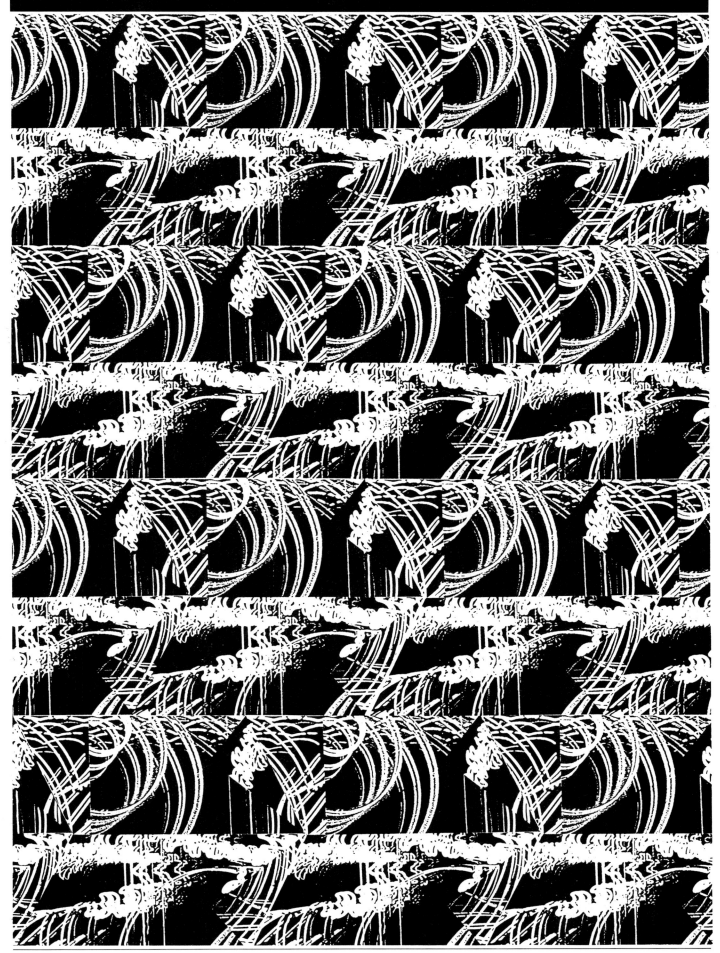

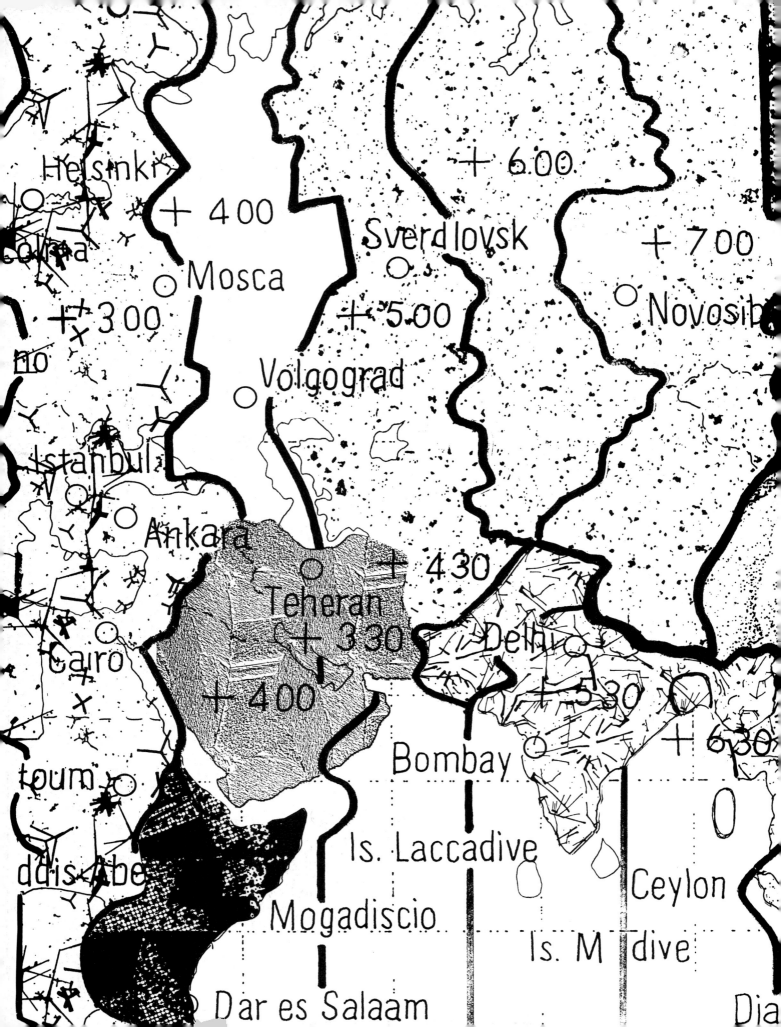

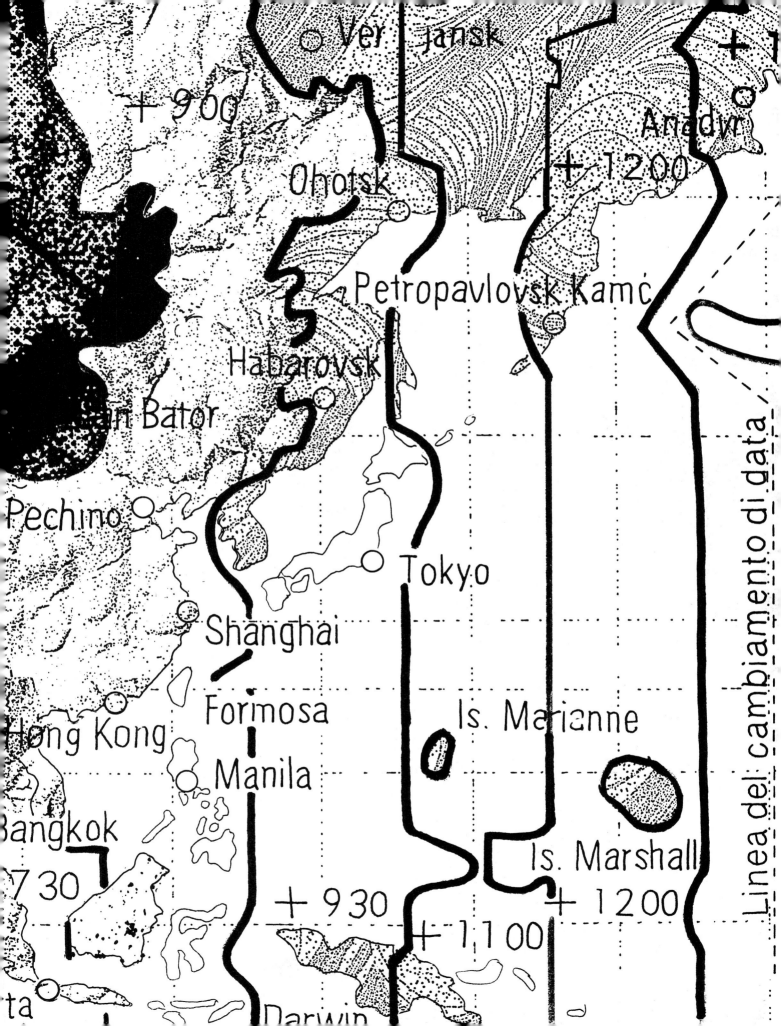

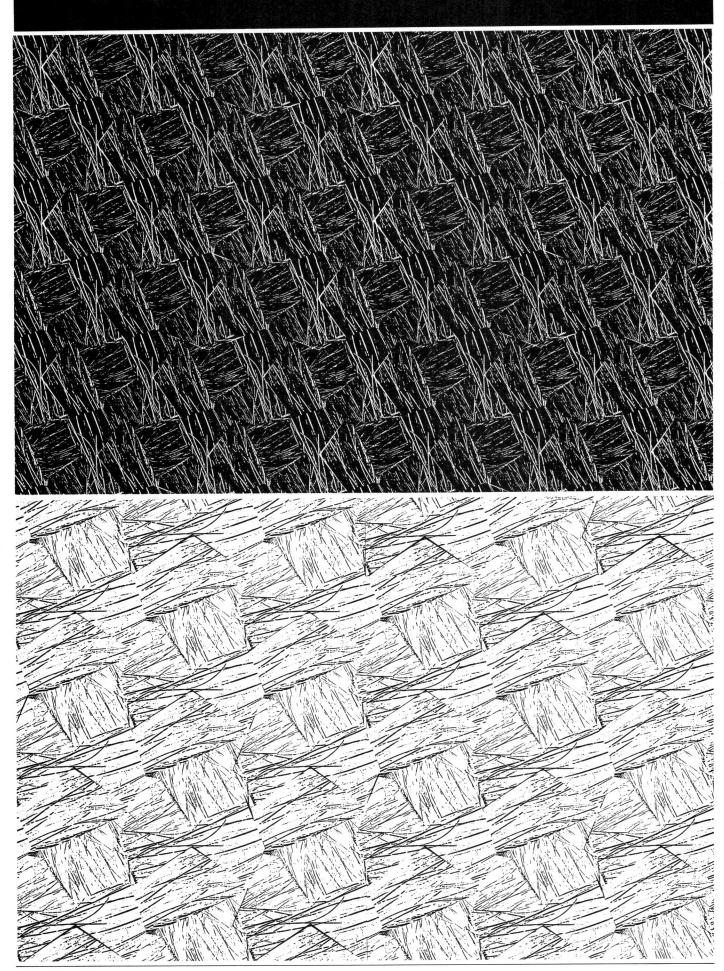

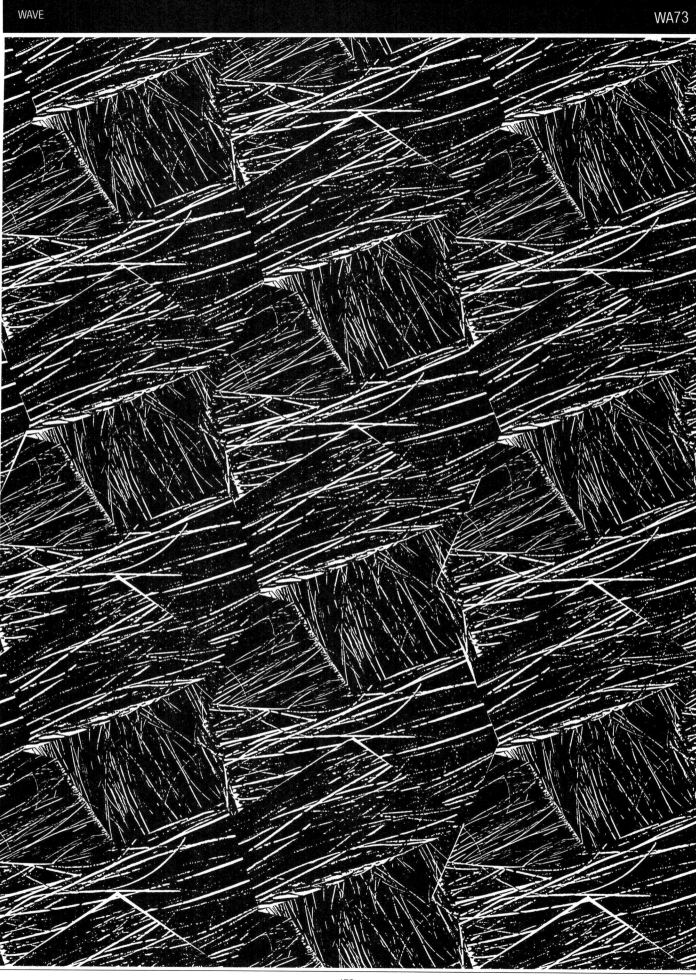

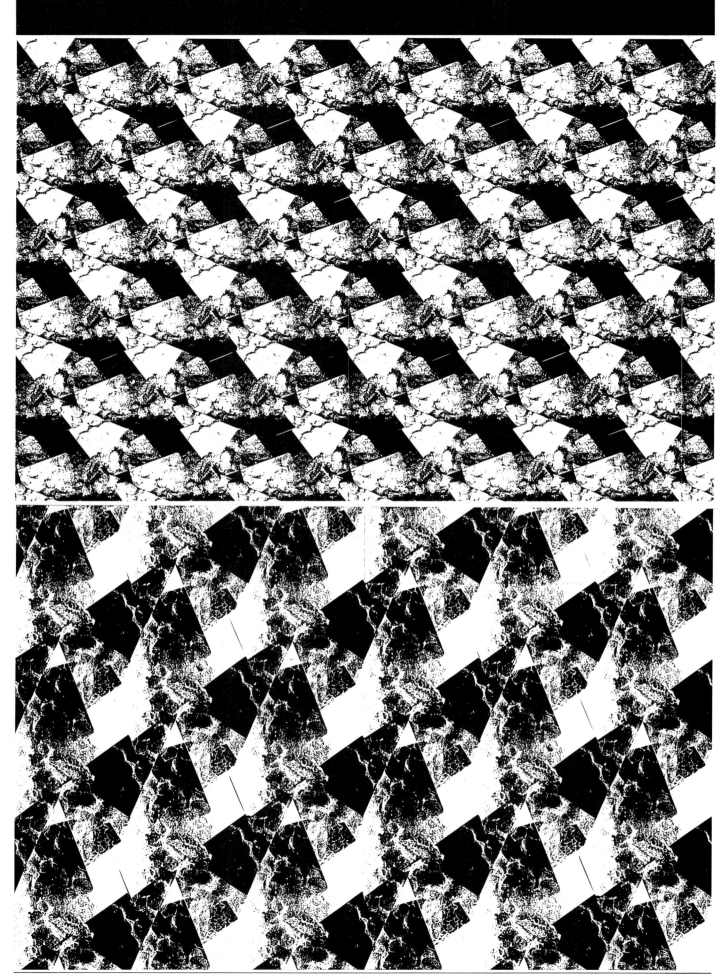

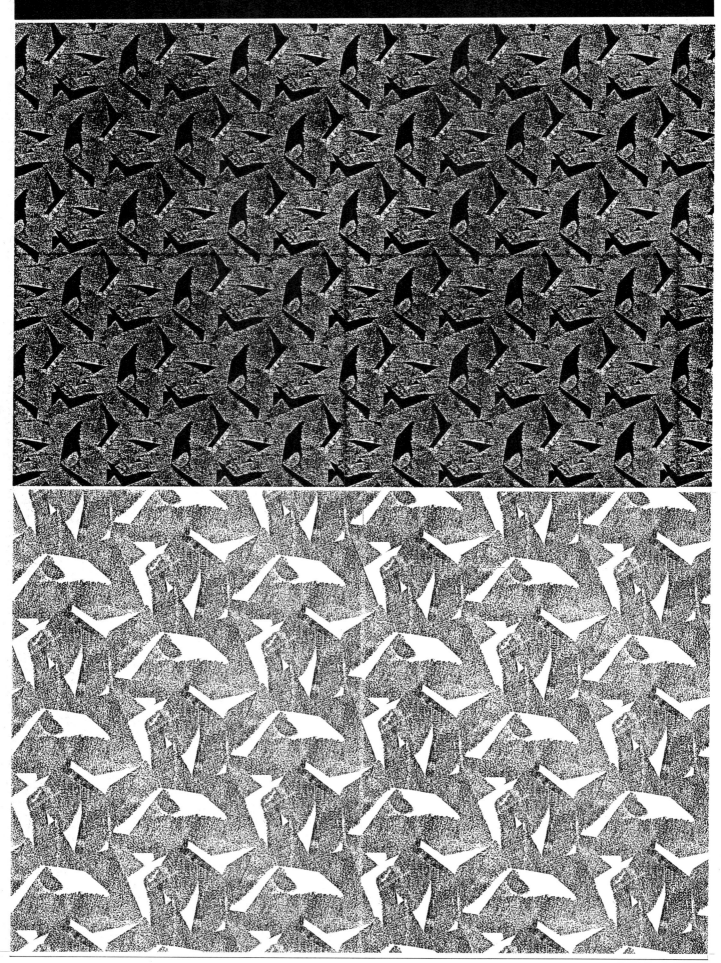

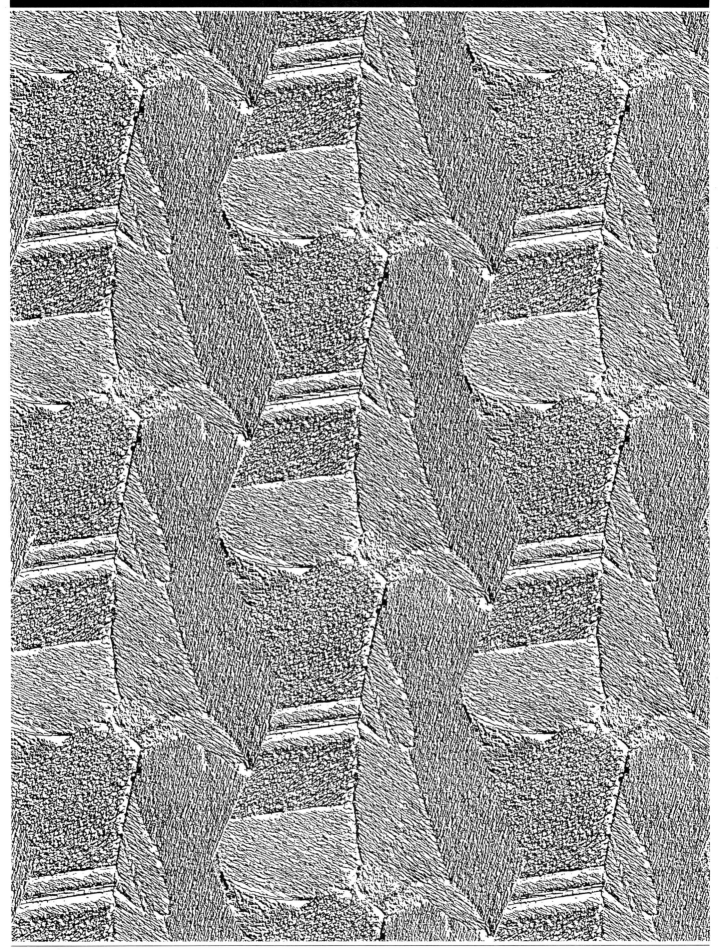

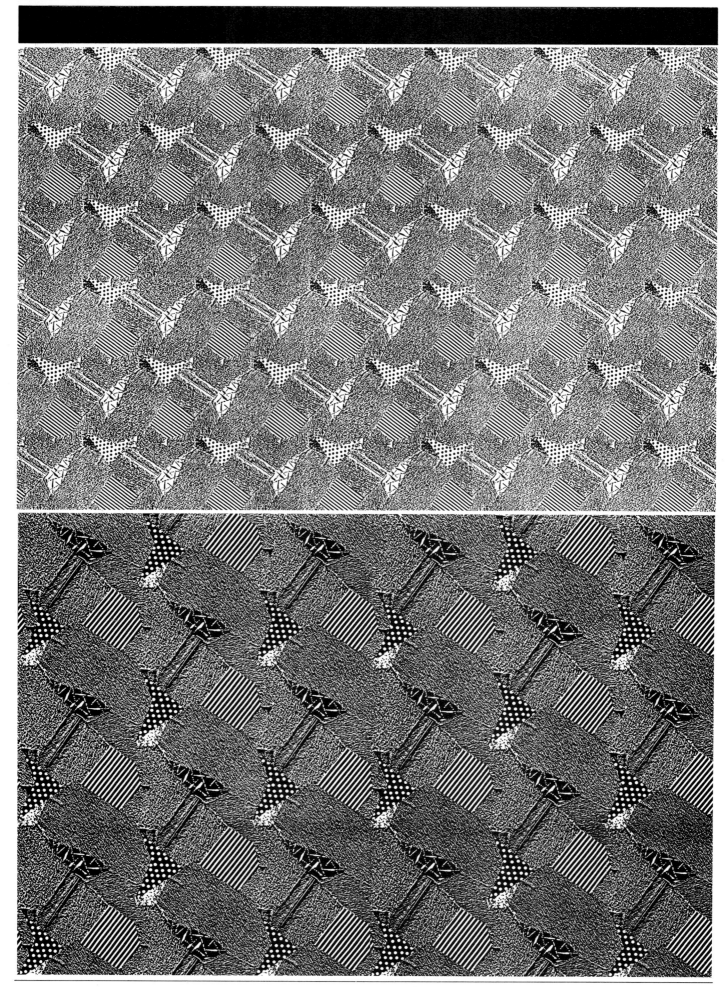

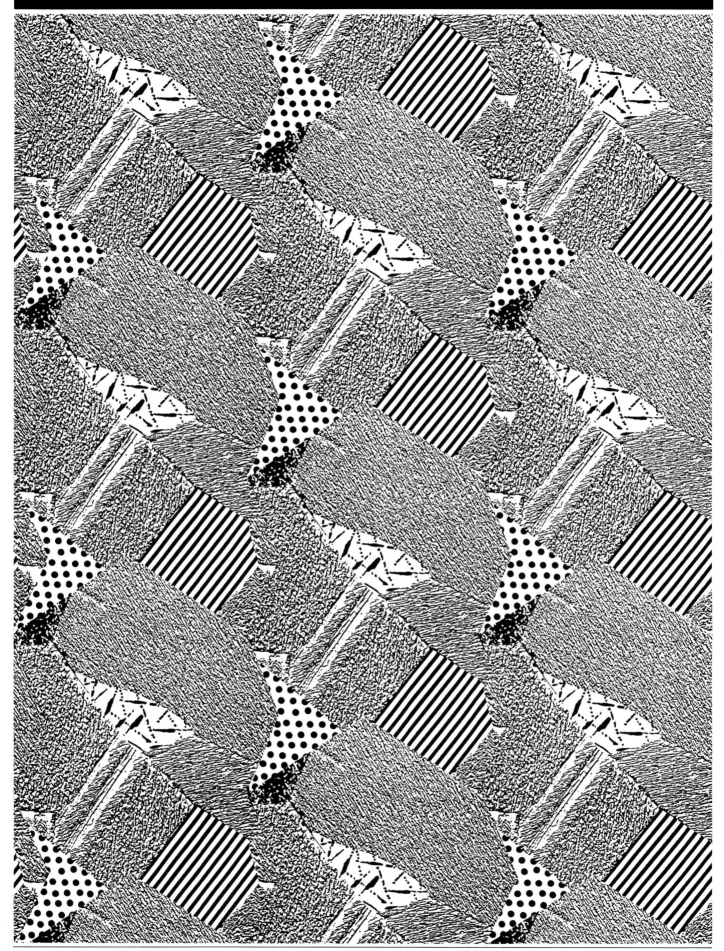

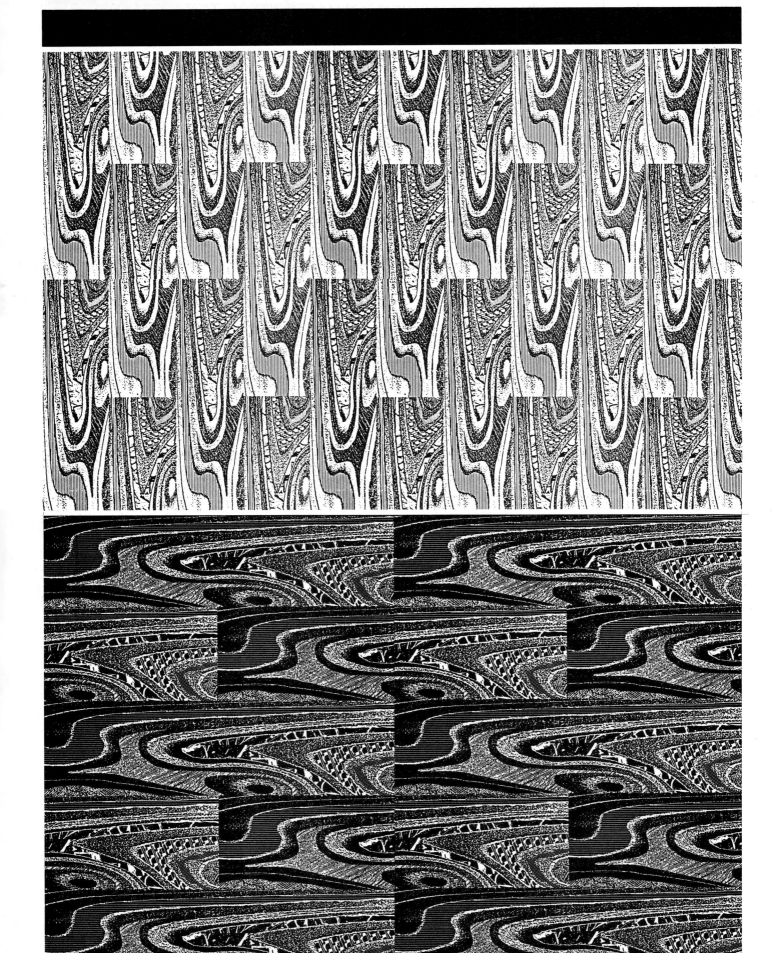

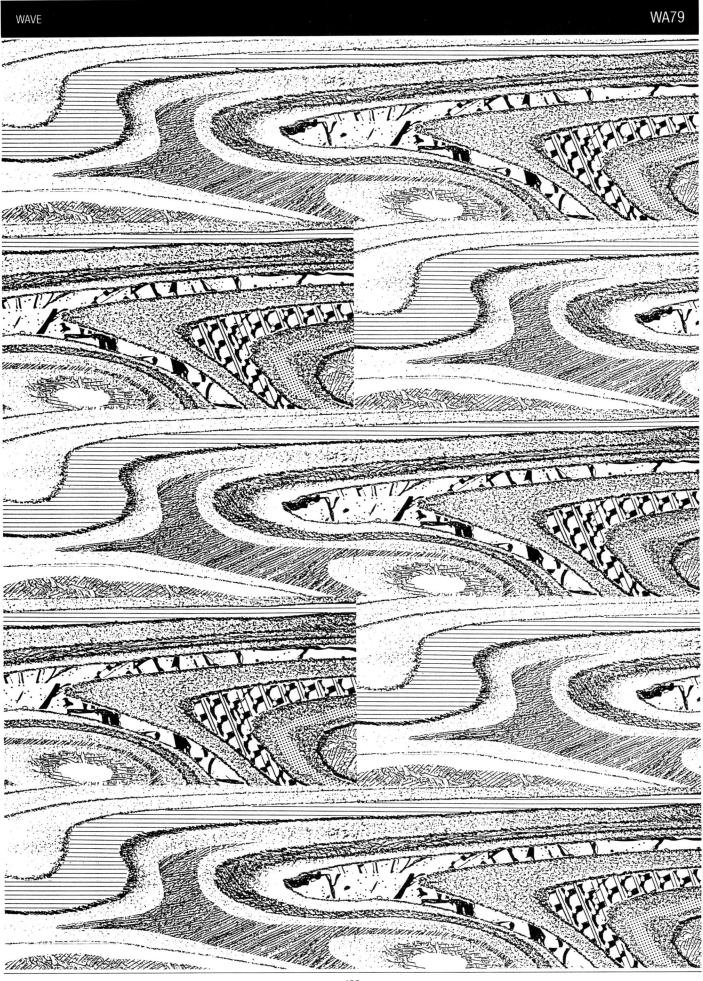

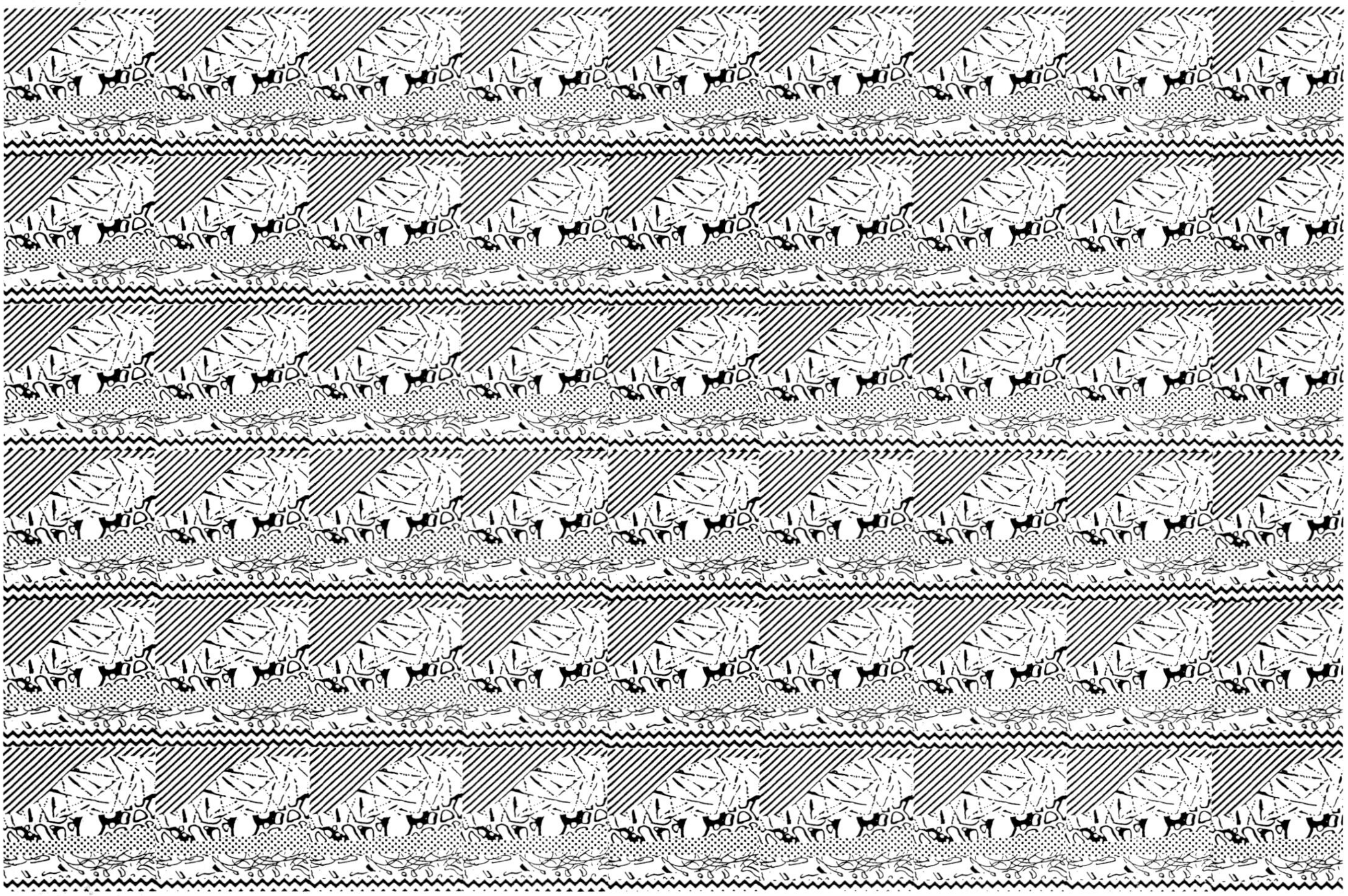

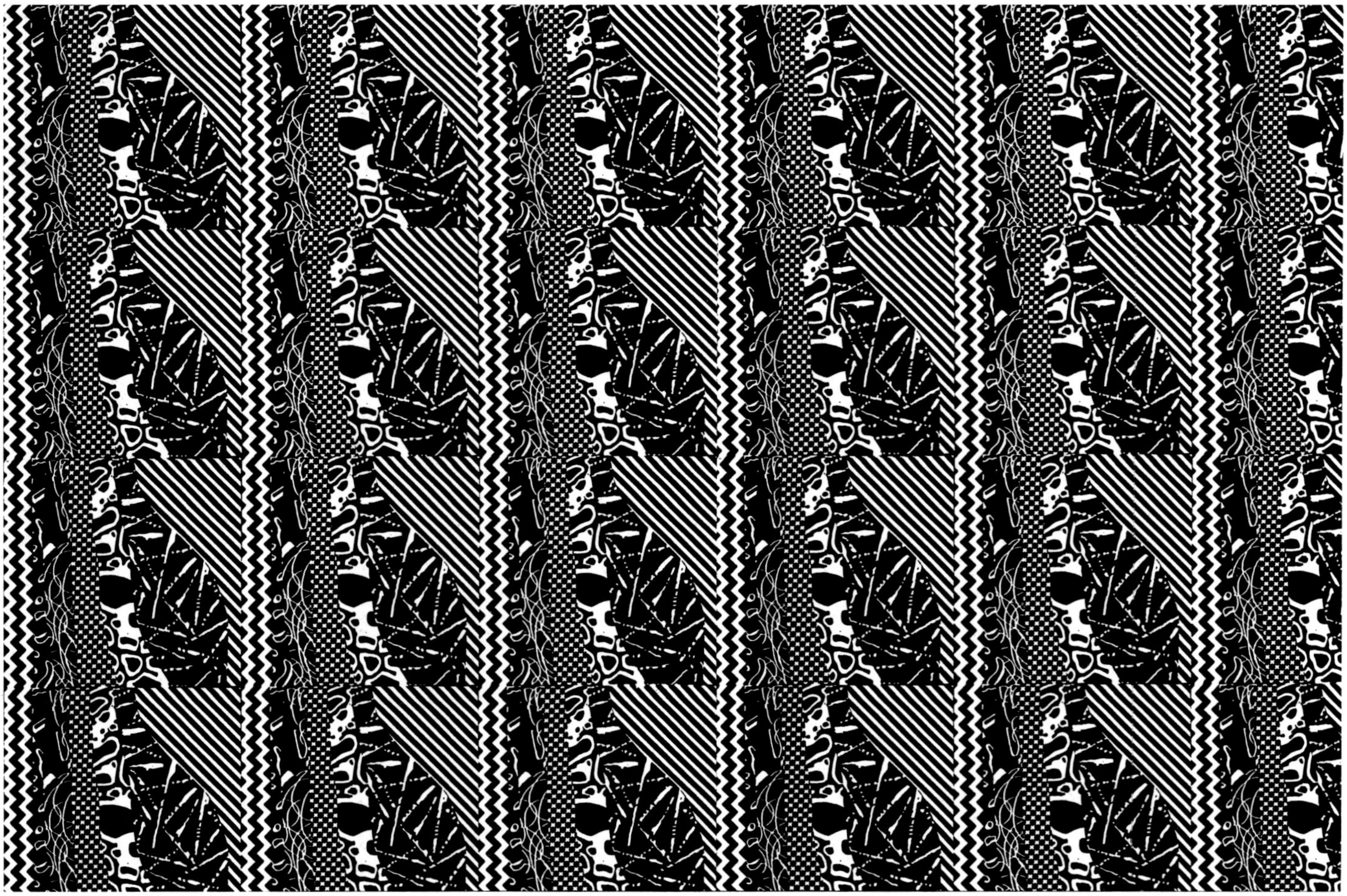

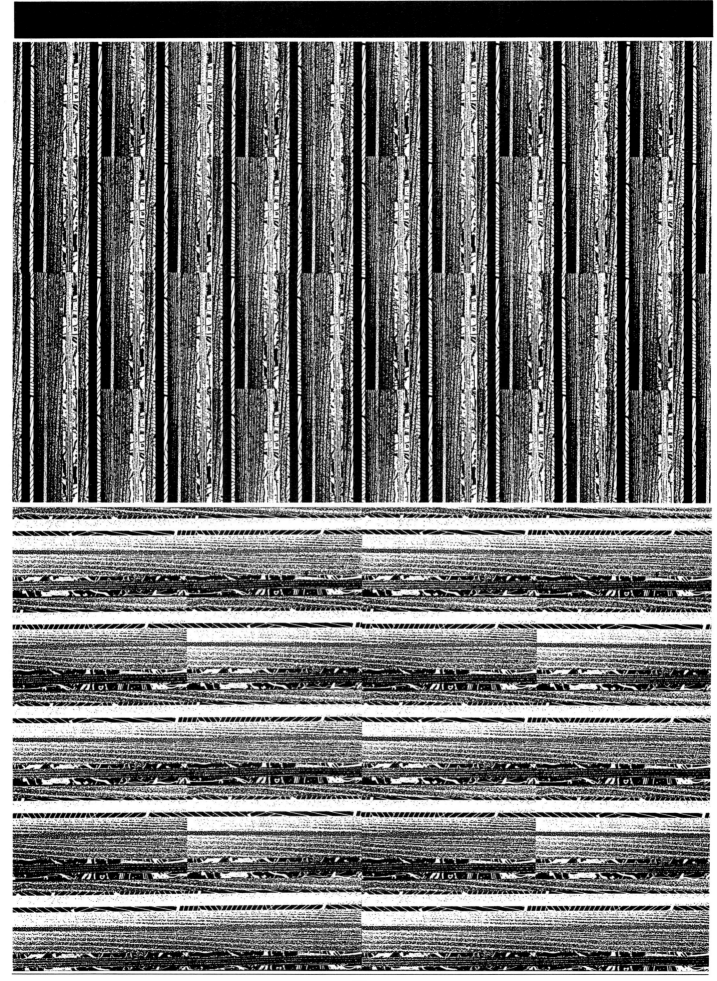

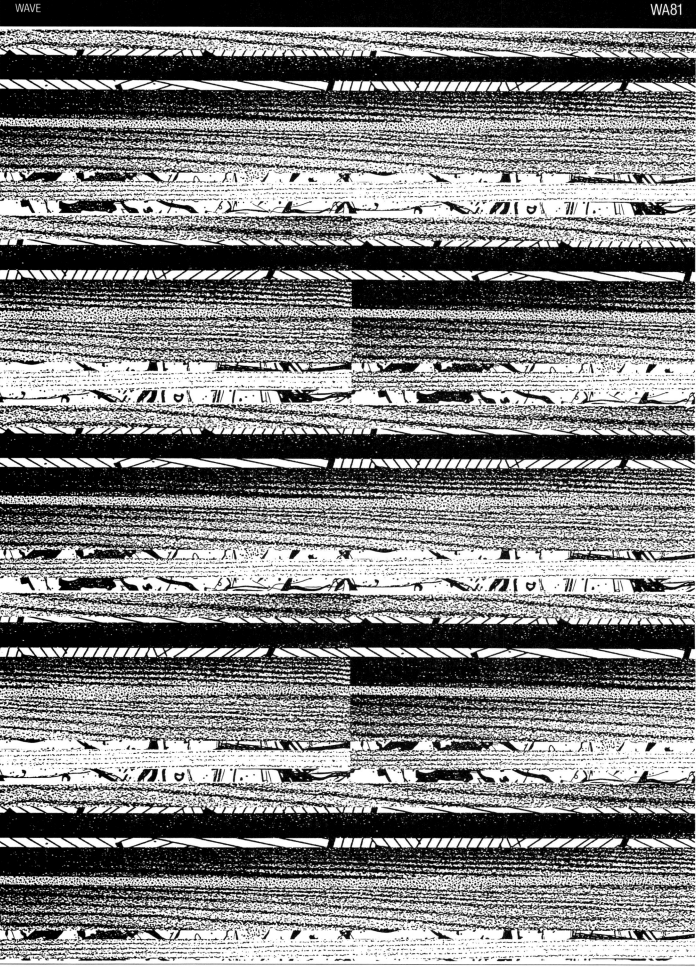

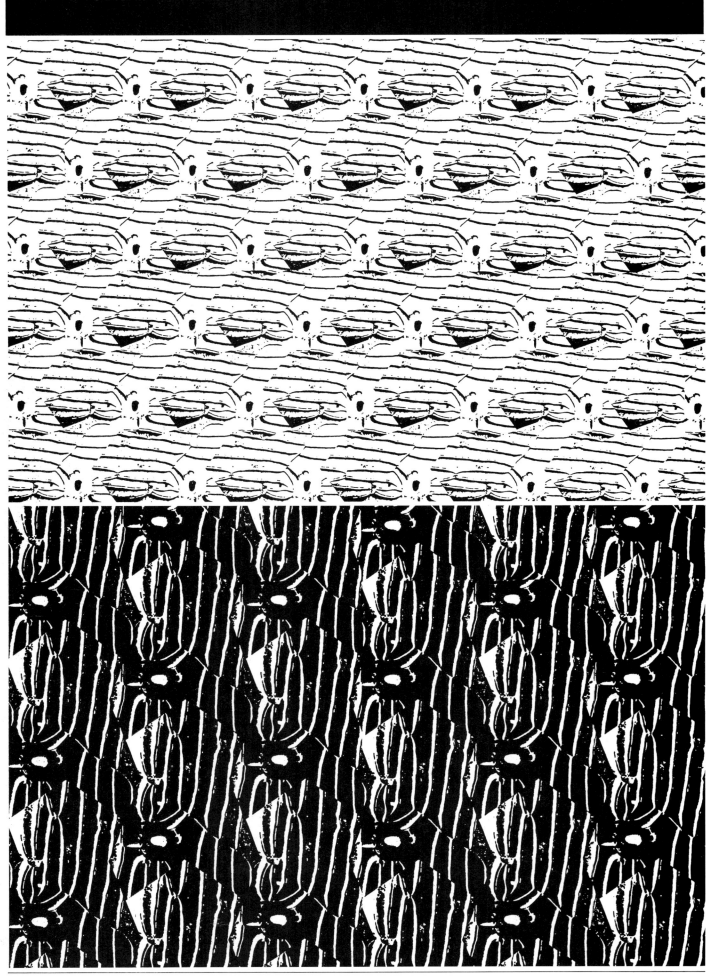

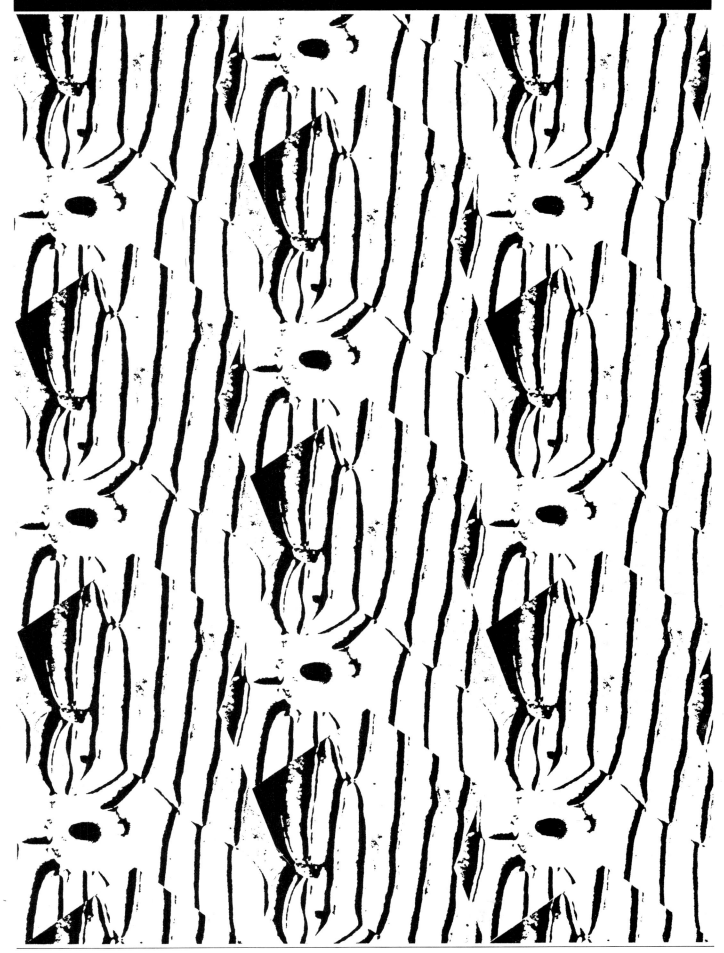

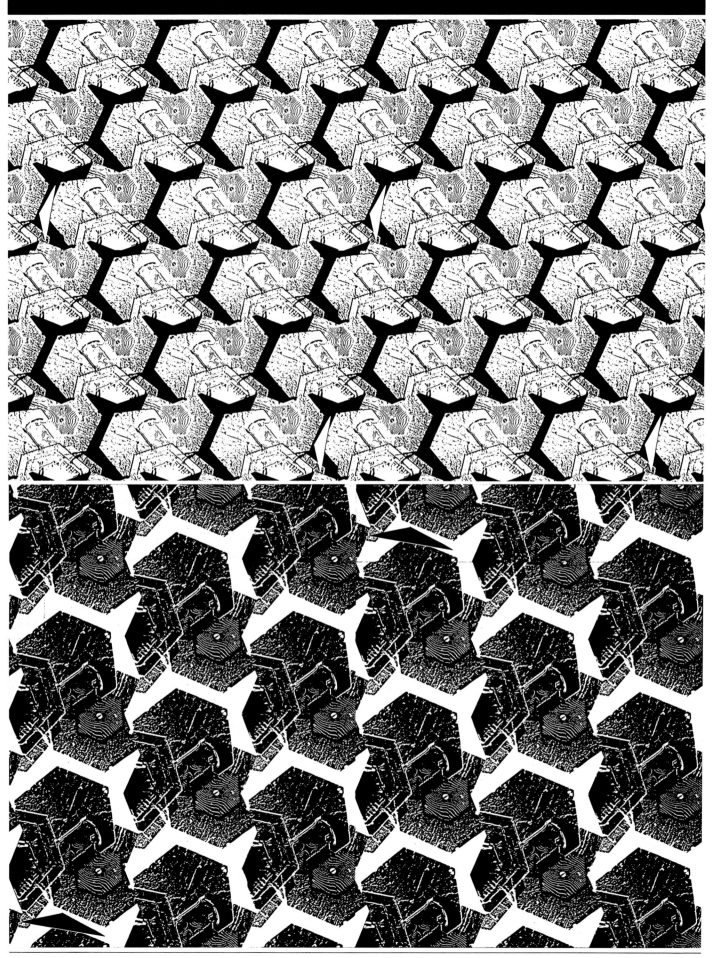

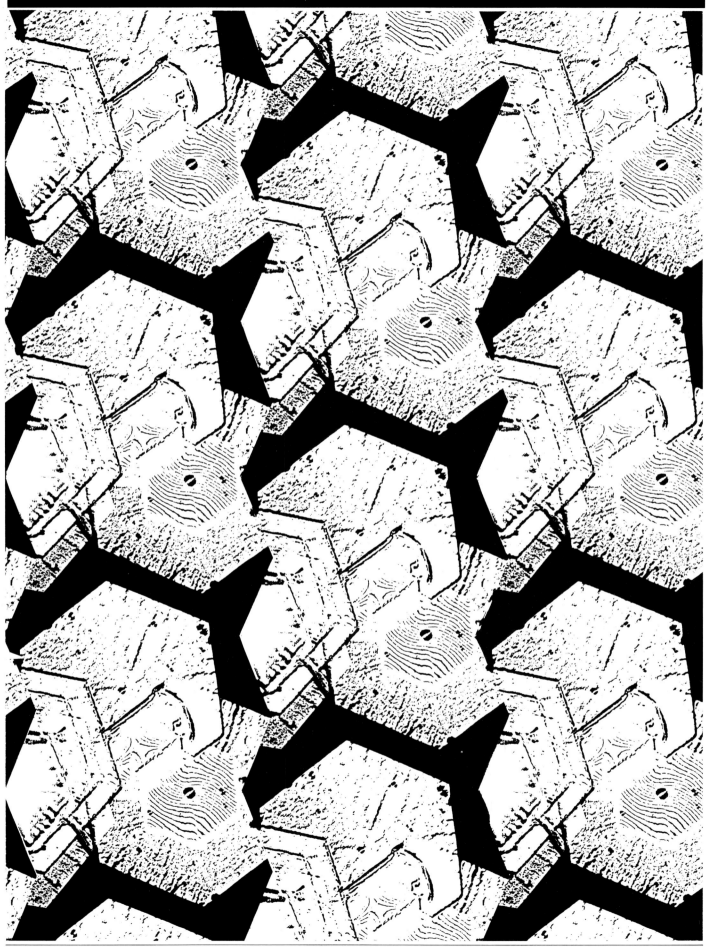

ELEMENTS
COMMUNICATION
12
WAVE

PRODUCED BY

株式会社 エーム クリエイティブ プロダクツ
〒160 東京都新宿区坂町25-1
TEL 03-353-3181㈹ FAX 03-353-3299

株式会社 ジュネス プランニング コーポレーション
〒160 東京都新宿区坂町25-1
TEL 03-358-0601㈹ FAX 03-358-0651

A^^j RESEARCH INSTITUTE　AJ 綜合研究所
〒160 東京都新宿区三栄町14番地
TEL 03-5379-3271㈹ FAX 03-5379-5492

エームグループは、マーケティングに関する
全ての業務を、総合的に行なっている企画・開発・環境・創造企業です。
書籍についてのお問い合わせ、その他業務内容についてのお問い合わせ、
及び、正社員・アルバイト・外部スタッフへの応募は
上記㈱エーム クリエイティブ プロダクツまで
お願い致します。

● NEEDS HUNTING

● CONCEPT HUNTING

● PRODUCT DESIGN

● FUTURE CONCEPTION

● TREND ANALYSIS

● SEEDS HUNTING

● MD

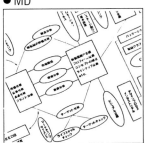

● HARD PACKAGE PLAN

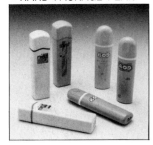

● CONCEPTUAL DESIGN

● SECONDARILY DATA

● MONITOR SYSTEM

● RENDERING

● LAND DEVELOPMENT PLAN

● CI & VI PLAN

● NAMING

● COLOR PLAN

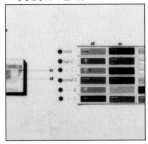

● INTERIOR DESIGN

● TYPE FACE DESIGN

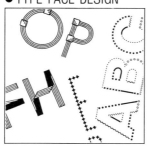

● GRAPHIC DESIGN

● MARK & LOGOTYPE DESIGN

● TECHNICAL ILLUSTRATION

● PACKAGE DESIGN

● PATTERN DESIGN

● ILLUSTRATION

● MODEL MAKING

● CHARACTER

● PHOTOGRAPH

● ISOTYPE DESIGN

● VTR PLAN

● POSI RENTAL

● EDITOLIAL

● PUBLISH

ELEMENTS
12
エレメンツ [コミュニケーション編]
ウェーブ

初版発行
1989年11月15日
発行人
樋口健治

Creative Director

上口清幸　　浦上慎一

小倉奈津江　　小山美紀
Art Director

編集スタッフ

後藤節子　石田　智
西塚みゆき　福田明男
営業

小坂浩人　貞方栄子
発行

株式会社 エーム クリエイティブ プロダクツ
〒160 東京都新宿区坂町25-1
TEL.03-353-3181 FAX.03-353-3299
印刷

株式会社千代田平版社

©AIM CREATIVE PRODUCTS. Co.,Ltd.
Printed in Japan
1989
aim

ISBN4-87210-029-8